RESILIÊNCIA

R433   Resiliência: descobrindo as próprias fortalezas /
       [organizadores] Aldo Melillo, Elbio Néstor Suárez Ojeda
       e colaboradores ; tradução Valério Campos. – Porto Alegre :
       Artmed, 2005.
       160 p. ; 23 cm.

       ISBN 978-85-363-0522-6

       1. Psicologia – Desenvolvimento humano – Resiliência.
       I. Melillo, Aldo. II. Suárez Ojeda, Elbio Néstor. III. Título.

                         CDU 159.922

Catalogação na publicação: Júlia Angst Coelho – CRB Provisório 05/05

RESILIÊNCIA
descobrindo as próprias fortalezas

Aldo Melillo
Elbio Néstor Suárez Ojeda
e colaboradores

Tradução:
Valério Campos

Consultoria, supervisão e revisão técnica desta edição:
Sílvia Helena Koller
*Psicóloga pela PUCRS. Mestre do Desenvolvimento pela UFRGS.
Doutora em Educação pela PUCRS. Professora nos cursos de graduação
e pós-graduação em Psicologia da UFRGS.*

Reimpressão 2007

2005

Obra originalmente publicada sob o título *"Resiliencia: descubriendo las propias fortalezas"*
ISBN 950-12-4513-6

© Editorial Paidós, S.A., Buenos Aires, República Argentina, 2001

Capa
Gustavo Macri

Preparação do original
Edna Calil

Leitura final
Jô Santucci

Supervisão editorial
Mônica Ballejo Canto

Projeto e editoração
Armazém Digital Editoração Eletrônica – Roberto Vieira

Reservados todos os direitos de publicação, em língua portuguesa, à
ARTMED® EDITORA S.A.
Av. Jerônimo de Ornelas, 670 - Santana
90040-340 Porto Alegre RS
Fone (51) 3027-7000 Fax (51) 3027-7070

É proibida a duplicação ou reprodução deste volume, no todo ou em parte, sob quaisquer formas ou por quaisquer meios (eletrônico, mecânico, gravação, fotocópia, distribuição na Web e outros), sem permissão expressa da Editora.

SÃO PAULO
Av. Angélica, 1091 - Higienópolis
01227-100 São Paulo SP
Fone (11) 3665-1100 Fax (11) 3667-1333

SAC 0800 703-3444

IMPRESSO NO BRASIL
PRINTED IN BRAZIL
Impresso sob demanda na Meta Brasil a pedido de Grupo A Educação.

AUTORES

ALDO C. MELILLO
Médico, psicanalista, ex-secretário de Saúde e Meio Ambiente da Cidade de Buenos Aires, é membro do Foro Psicanalítico de Buenos Aires e professor da Escola Argentina de Psicoterapia para Graduados. Vice-diretor do Centro Internacional de Informação e Estudo da Resiliência (CIER), é conselheiro acadêmico do Mestrado em psicanálise da Escola de Psicoterapia da Universidade de la Matanza.

ELBIO NÉSTOR SUÁREZ OJEDA
Consultor regional de Saúde Materno-Infantil (OPS/OMS, Washington D.C.) e diretor do CIER. É professor da Escola de Saúde Pública da Universidade de Buenos Aires (Cuba). Foi secretário da Saúde da Província de San Luis. É membro do Comitê Internacional de Inclusão de Crianças com Deficiência. É co-autor de 26 livros sobre saúde materno-infantil, crescimento e desenvolvimento, adolescência e resiliência.

ALICIA CUESTAS
Licenciada em psicologia, realizou pós-graduação em Saúde Mental no Centro Médico-Psicológico "Dr. Fernández Moujan" e recebeu formação em orientação vocacional e reorientação trabalhista. Foi professora e coordenadora psicológica de "A Escolinha", Jardim de Educação por Arte, e atua como psicóloga clínica de adultos, casal e família. É integrante do CIER e uma das autoras de *Fundamentos psicológicos del concepto de resiliencia* (2000).

ANA MARÍA DÍAZ
Licenciada em psicologia. É membro do CIER. Participou como professora em oficinas e seminários organizados pela instituição.

DANIEL H. RODRÍGUEZ
Médico especialista em psiquiatria. É membro titular da Associação Psicanalítica de Buenos Aires (APDEBA), da Federação Psicanalítica da América Latina (FEPAL) e *full member* da International Psychoanalitical Association (IPA). É professor titular do Instituto de Formação Psicanalítica da APDEBA e professor titular da cátedra "Organização psíquica dos indivíduos e grupos", na UNLa. Dirige o Departamento de Saúde Comunitária dessa universidade desde 1996 e é pesquisador do Programa de Incentivos. É autor do artigo "Humor e resiliência", escrito por ocasião do Seminário Internacional "O conceito de resiliência" (1997).

Autores

EDITH HENDERSON GROTBERG
Ph. D., pesquisadora principal do Civitan Center, Universidade de Alabama (Birmingham) e professora da Escola de Saúde Pública da Universidade de George Washington (Washington D.C.). Editora-gerente de *Dialogue*, publicação do Institute for Mental Health Initiatives (Washington D.C.).

ELIANA MARÍA MORENO
Licenciada em psicologia, atua como agente de saúde na Cidade de San Luis. Participou como professora de oficinas e seminários organizados pelo CIER.

ENRIQUE BIEDAK
Médico pediatra. É docente adscrito e chefe de Trabalhos Práticos, Departamento de Saúde Pública da Faculdade de Medicina, UBA. Médico higienista e diplomado em Saúde Pública, é titular do Departamento Materno-Infanto-Juvenil da Secretaria de Saúde do Governo da Cidade de Buenos Aires. Foi chefe de Clínica Pediátrica do Hospital da Criança de San Justo (Província de Buenos Aires) e consultor temporário da Organização Panamericana da Saúde. É membro do CIER – Universidade Federal de Lanús e Fundação Bernard van Leer.

FRANCISCA INFANTE
Psicóloga da Universidade Portales, no Chile, Mestre em risco e prevenção de adolescentes na Universidade de Harvard. Dedica-se ao tema da resiliência desde 1996, participando de conferências, pesquisas e consultorias sobre o tema. Atualmente, trabalha no programa de saúde e desenvolvimento adolescente da Organização Panamericana da Saúde em Washington D.C.

JOAQUÍN E. PIATTINI MONTERO
Estudante de Direito. Participou como docente em oficinas e seminários organizados pelo CIER.

LAURA W. DE QUINTEROS
Licenciada em psicologia. Realizou estudos de pós-graduação na UBA, com especialização na área de recuperação de drogados. É colaboradora do CIER. Realizou diversos trabalhos na área de prevenção.

MABEL MUNIST
Doutora em medicina. Especialista em Saúde Pública. É professora do Departamento de Saúde Comunitária da Universidade Nacional de Lanús (UNLa) e secretária do CIER. Trabalhou como assessora em Adolescência na Organização Panamericana da Saúde, como assessora temporária no UNICEF, UNFPA e no Banco Mundial e como médica assistente do Departamento de Medicina da Adolescência e do Adulto Jovem de Children´s Medical Center (Washington D.C.). Co-autora do *Manual de identificação e promoção da resiliência em crianças e adolescentes*. É professora da Escola de Saúde Pública da UBA.

MARÍA ALCHOURRÓN DE PALADINI
Psicopedagoga. Foi diretora dos projetos "Os trapichinhos" e "Promoção da resiliência em adolescentes numa escola semi-rural". É membro da Comissão Estadual de Desenvolvimento Psicossocial da Criança (San Luis).

MARÍA CRISTINA RAVAZZOLA
Médica especialista em psiquiatria e terapeuta familiar sistêmica. É professora de pós-gradução no curso "Atualização em Terapia Sistêmica" (UBA) e professora convidada na Universidade de Concepción do Uruguai. É diretora de cursos de formação em terapia sistêmica e supervisora de programas de assistência e de reabilitação de dependências e de violência. Escreveu *Histórias infames: os maus-tratos nas relações* (1997).

MIRTA ESTAMATTI
Doutora em psicologia, psicanalista, professora titular da Associação Escola de Psicoterapia para Graduados. Atuou como gerente de Saúde Mental da província de San Luis. É autora, entre outras obras, de *La "imbecilidad fisiológica" de la mujer* (1997); *La prohibición de pensar* (1999) e co-autora de *Actualizaciones en resiliencia* (2000).

PEDRO ALBERTO DAVERIO
Licenciado em psicologia. Trabalhou como professor em oficinas e seminários organizados pelo CIER. Participa da pesquisa sobre mortalidade infantil no Programa Materno-Infanto Juvenil do Ministério da Saúde do Governo de San Luis.

RICARDO MURTAGH
Licenciado em sociologia. Foi coordenador nacional do Programa de Escolas Prioritárias do Ministério de Educação e subsecretário de Promoção Social do Governo da Cidade de Buenos Aires. É consultor de organismos nacionais e internacionais em temas referentes à formulação e avaliação de programas sociais e trabalhou para os ministérios de Educação e de Desenvolvimento Social e para organismos como OEA, BID, Banco Mundial, FAO e FIDA. Também atuou como executivo em ONGs como Fundapaz e Cáritas, em tarefas de promoção e desenvolvimento humanos.

ROBERTO VERGÉS
Advogado especializado em Direitos Humanos, presidente da Fundação "A Hora das Crianças". Foi presidente da Comissão de Direitos Humanos da Câmara de Deputados da Província de San Luis e atualmente é reitor do Instituto Superior Universitário de Segurança Integral da Província de San Luis.

SUSANA WEGSMAN
Licenciada em psicologia, mestra em Administração de Sistemas e Serviços de Saúde (UBA) e doutoranda em psicologia. É docente da Universidade do Salvador e capacitadora em cursos de formação profissional (Governo da Cidade de Buenos Aires). Atua como diretora técnica em projetos comunitários. É membro do CIER.

SUMÁRIO

Prefácio 11
Aldo Melillo

Introdução: novas tendências em resiliência 15
Edith Henderson Grotberg

1. A resiliência como processo: uma revisão da literatura recente 23
Francisca Infante

2. A missão do CIER: desenvolvimento do conceito de resiliência
e sua aplicação em projetos sociais 39
Mabel Munist, Enrique Biedak, Laura W. de Quinteros,
Ana Díaz, Susana Wegsman e María Alchourrón de Paladini

3. Uma concepção latino-americana: a resiliência comunitária 47
Elbio Néstor Suárez Ojeda

4. Alguns fundamentos psicológicos do conceito de resiliência 59
Aldo Melillo, Mirta Estamatti e Alicia Cuestas

5. Resiliências familiares 73
María Cristina Ravazzola

6. Resiliência e educação 87
Aldo Melillo

7. Resiliência: uma proposta de pesquisa-ação para o
desenvolvimento de estratégias educativas 103
Ricardo Murtagh

8. Promoção da resiliência em adolescentes
   de uma escola semi-rural 119
   María Alchourrón de Paladini, Pedro A. Daverio,
   Eliana M. Moreno e Joaquín Piattini Montero

9. O humor como indicador de resiliência 131
   Daniel H. Rodríguez

10. Procurar a oportunidade de estar resiliente é um direito humano? 139
    Roberto Vergés

11. A resistência à opressão 145
    Alicia Cuestas

12. Programas em saúde mental comunitária 151
    Mirta Estamatti

PREFÁCIO

Aldo Melillo

O ponto de partida para a estruturação do conceito de resiliência foi a descoberta de E. E. Werner, ocorrida durante um prolongado estudo de epistemologia social realizado na ilha de Kauai (Havaí), que acompanhou por 32 anos a vida de aproximadamente 500 pessoas, submetidas a condições de pobreza extrema. Cerca de um terço dessa população sofrera situação de estresse, dissolução do vínculo familiar, alcoolismo, abuso, etc. Apesar das situações de risco a que estavam expostas muitas crianças, concluiu-se que havia nelas a capacidade de superação das dificuldades e de construção de um futuro.

No começo, essas crianças foram consideradas "invulneráveis", portadoras de um temperamento especial, fruto, talvez, de condições genéticas especiais e dotadas de uma capacidade cognitiva melhor. Porém, Werner assinala um fato que ocorria, sem exceção: todas haviam tido durante o desenvolvimento o apoio irrestrito de algum adulto significativo, familiar ou não. Aparentemente, isso não se refletia nas características físicas ou intelectuais da criança. Contudo, o afeto, o amor recebido era a base de tais desenvolvimentos exitosos.

Desde então, inúmeros pesquisadores do norte do mundo começaram a estudar em detalhes as características pessoais e comportamentais desses sujeitos, considerados "pilares" desse desenvolvimento exitoso, acentuando o caráter individual do processo e estabelecendo a possibilidade e a necessidade de promovê-las, para melhorar as condições resilientes dos sujeitos; ou seja, defenderam a necessidade de promover as características sadias e protetoras dos sujeitos, para poder superar as condições de risco a que estavam submetidos.

O fato é que o caráter interativo do desenvolvimento dos resilientes e o destaque da importância do vínculo positivo com os outros seres humanos determinaram a existência de dois caminhos interpretativos, que se bifurcam rumo aos antípodas. Um, genetista e individualista, constata a existência de pessoas resilientes entre as submetidas à adversidade e aos riscos da pobreza e que, por isso, adquirem o "direito" de "se salvar"; e enfatiza sua capacidade de "adaptação positiva" às condições de vida adversas. O outro enfoque, baseado nas características da imprescindível interação recíproca dos seres humanos para o desenvolvimento dos sujeitos, defende a abordagem do problema desde a mais tenra idade, diretamente com os sujeitos ou por intermédio dos pais, educadores, cuidadores e membros da equipe de saúde, para obter o desenvolvimento de um sujeito sadio, numa família recuperada, se possível, numa comunidade interessada em sua ecologia vital: família, comunidade, cultura.

A globalização da economia e as políticas neoliberais no mundo, com suas evidentes conseqüências de empobrecimento e exclusão de vastos setores da população, acrescidas do aumento da dependência química, delinqüência, alcoolismo, etc. – também situações globais de risco, que são de difícil enfrentamento – marcam gerações com doença, prisão, deterioração pessoal, familiar e social, sem que se vislumbrem soluções também globais na política e na economia, apesar das boas intenções das políticas sociais e das más intenções de quem invoca a ação da "mão invisível" da economia de mercado, que segue concentrando riquezas, mas que nunca produz a anunciada "distribuição" para o povo, de maneira necessária e automática. Por outro lado, mesmo se a famosa "mão invisível" de Adam Smith se apiedasse de tantos povos e começasse a dividir a riqueza acumulada, não se resolveria a ausência ou distorção dos valores sociais, não se geraria automaticamente prevenção, ainda assim seria preciso trabalhar muito contra a falta de compromisso, participação, sensação de pertencer, solidariedade e demais problemas de convivência. Tudo isso leva os interessados no destino de nossa gente a se questionar: "*O que fazer, enquanto isso?*".

Nesse ponto se insere, para nós, a necessidade de utilizar plenamente o conceito de resiliência nas ações sociais, educativas e de saúde que englobem os indivíduos de todas as idades, da primeira infância à terceira idade, mas também as famílias e, inclusive, as comunidades assistidas por programas que promovam e reforcem suas características resilientes. Nos capítulos que compõem este livro, se poderá apreciar a variedade de campos de abrangência e formas de adoção dessas ações, a quantidade de políticas em curso beneficiadas com a introdução do conceito de resiliência pelos atores das políticas sociais, educativas e de saúde, além da importância de compreensão do conceito para aqueles pais e responsáveis pela qualidade de vida afetiva, ou até material, que podem oferecer a quem depende deles, pois, como sabemos, "nem só de pão vive o ser humano".

Quando Néstor Suárez Ojeda e Mabel Munist introduziram entre nós o conceito de resiliência e defenderam uma convocatória do Centro Internacional de Informação e Estudo da Resiliência (CIER), que funciona na Universidade Nacional de Lanús, com o auspício da Fundação Bernard van Leer, lenta mas ininterruptamente começou a se desenvolver um interesse crescente pelo tema, que abarcou profissionais, trabalhadores sociais e de saúde, educadores, sacerdotes, etc. A edição deste livro tem como objetivo impulsionar a difusão do conceito no Cone Sul e destacar rumos de trabalho e pesquisa que enriqueçam a tarefa de tantos para melhorar a qualidade de vida de nosso povo.

Junto aos diversos trabalhos de especialistas argentinos, nos pareceu importante editar, como introdução, um artigo original de Edith Grotberg, autoridade mundial na difusão do conceito de resiliência, e dois artigos da especialista chilena Francisca Infante, que também é da Fundação Bernard van Leer.

INTRODUÇÃO: NOVAS TENDÊNCIAS EM RESILIÊNCIA

Edith Henderson Grotberg

Um dos privilégios da reflexão e da pesquisa sobre resiliência ao longo do tempo é a análise de novas interpretações surgidas dessas pesquisas, novas idéias a respeito da natureza da resiliência e novos desafios para revisar idéias antigas de menor impacto. A seguir, detalharei oito novos enfoques e descobertas obtidos a partir do conceito de resiliência, que definem o que acontece hoje nessa área do desenvolvimento humano.

1. A resiliência está ligada ao desenvolvimento e ao crescimento humanos, incluindo diferenças etárias e de gênero.
2. Promover fatores de resiliência e ter condutas resilientes requerem diferentes estratégias.
3. O nível socioeconômico e a resiliência não estão relacionados.
4. A resiliência é diferente dos fatores de risco e de proteção.
5. A resiliência pode ser medida; além disso, é parte da saúde mental e da qualidade de vida.
6. As diferenças culturais diminuem quando os adultos são capazes de valorizar idéias novas e efetivas para o desenvolvimento humano.
7. Prevenção e promoção são alguns conceitos relacionados à resiliência.
8. A resiliência é um processo: há fatores de resiliência, comportamentos resilientes e resultados resilientes.

Antes de explicar em que consistem essas novas descobertas e interpretações, é importante lembrar a definição de resiliência: "A capacidade humana para enfrentar, vencer e ser fortalecido ou transformado por experiências de adversidade". A maioria das definições do conceito de resiliência é variação dessa. Esclarecida essa definição, passarei a descrever as novas idéias e interpretações concernentes à resiliência.

16   Aldo Melillo, Elbio Néstor Suárez Ojeda & cols.

A RESILIÊNCIA ESTÁ LIGADA AO DESENVOLVIMENTO E AO CRESCIMENTO HUMANOS, INCLUINDO DIFERENÇAS DE IDADE E DE GÊNERO

As primeiras pesquisas em resiliência trataram principalmente de identificar os fatores e as características das crianças que viviam em condições adversas e eram capazes de superá-las e de diferenciá-las das que viviam nas mesmas condições, mas sem capacidade de vencer ou enfrentar positivamente a experiência. Meus trabalhos, baseados nos resultados do Projeto Internacional de Resiliência, e os de Ann Madsen e colegas identificaram o papel do desenvolvimento humano na capacidade de ser resiliente. Sob esse aspecto, criam-se estratégias de promoção, de acordo com as etapas de desenvolvimento descritas por Erik Erikson, que são, em poucas palavras: desenvolvimento de confiança básica (do nascimento ao primeiro ano de vida); desenvolvimento de autonomia (2 a 3 anos de idade); iniciativa (4 a 6 anos); sentido da indústria (7 a 12 anos); desenvolvimento da identidade (13 a 19 anos). Contextualizar a promoção da resiliência, no ciclo da vida, permite ter um guia a respeito do procedimento em cada etapa do desenvolvimento e também promover novos fatores a adotar sobre a base dos já desenvolvidos em etapas anteriores. Um exemplo dessa promoção de acordo com as etapas do desenvolvimento humano é a necessidade da criança de apoio externo. Por exemplo, quanto menor é a criança, mais necessidade de apoio externo terá. Ao contrário, aos 9 anos de idade as crianças já são capazes de promover sua própria resiliência e procurar maior ajuda externa.

Quanto à diferença de gênero na resolução de conflitos, ambos apresentam a mesma freqüência de condutas resilientes, mas as meninas tendem a possuir habilidades interpessoais e força interna e os meninos, a serem mais pragmáticos.

Ater-se às etapas do desenvolvimento humano como linhas de orientação para a promoção da resiliência ajuda muito, já que permite aos adultos terem expectativas concretas a respeito do que as crianças podem fazer, de acordo com a idade. Por exemplo, uma criança de 5 anos não necessita ser embalada para dormir, mas pode ajudar a organizar tudo depois de um furacão e pode explicar o que aconteceu e como é capaz de lidar com a adversidade.

PROMOVER FATORES DE RESILIÊNCIA E TER CONDUTAS RESILIENTES REQUER DIFERENTES ESTRATÉGIAS

Nas primeiras etapas de pesquisa, identifiquei fatores resilientes e os organizei em quatro categorias* diferentes: "eu tenho" (apoio); "eu sou" e "eu

---

* No trabalho original (em inglês), assinalam-se três categorias, já que os verbos "ser" e "estar" são o mesmo "to be".

estou" (relativo ao desenvolvimento da força intrapsíquica); "eu posso" (aquisição de habilidades interpessoais e resolução de conflitos).

Eu tenho

- Pessoas do entorno em quem confio e que me querem incondicionalmente.
- Pessoas que me põem limites para que eu aprenda a evitar os perigos ou problemas.
- Pessoas que me mostram, por meio de sua conduta, a maneira correta de proceder.
- Pessoas que querem que eu aprenda a me desenvolver sozinho.
- Pessoas que me ajudam quando estou doente, ou em perigo, ou quando necessito aprender.

Eu sou

- Uma pessoa pela qual os outros sentem apreço e carinho.
- Feliz quando faço algo bom para os outros e lhes demonstro meu afeto.
- Respeitoso comigo mesmo e com o próximo.

Eu estou

- Disposto a me responsabilizar por meus atos.
- Certo de que tudo sairá bem.

Eu posso

- Falar sobre coisas que me assustam ou inquietam.
- Procurar a maneira de resolver os problemas.
- Controlar-me quando tenho vontade de fazer algo errado ou perigoso.
- Procurar o momento certo para falar com alguém.
- Encontrar alguém que me ajude quando necessário.

As condutas de resiliência requerem fatores de resiliência e ações. As condutas resilientes supõem a presença e a interação dinâmica de fatores e esses fatores vão mudando nas diferentes etapas do desenvolvimento. As situações de adversidade não são estáticas, mudam e requerem mudanças nas condutas resilientes. Por exemplo, em um desastre natural, como um furacão, se geram diversas condições de adversidade que exigem uma série de condutas resilientes que vão mudando, à medida que as condições vão-se modificando. A conduta resiliente exige se preparar, viver e aprender com as experiências adversas, como mudança de país, doença ou abandono.

O NÍVEL SOCIOECONÔMICO E A RESILIÊNCIA NÃO ESTÃO RELACIONADOS

Chegou-se a pensar que as crianças de nível socioeconômico alto fossem mais resilientes (Elder e Conger, 2000). Essas crianças são mais bem-sucedidas na escola; porém, o bom rendimento escolar não é resiliência. Pode ser que essas crianças façam melhores trabalhos, mas isso não implica necessariamente que sejam resilientes. Estudo que realizei em 1999, em 27 lugares de 22 países, demonstrou não haver conexão entre o nível socioeconômico e a resiliência. A diferença consistiu principalmente na quantidade de fatores resilientes utilizados. A pobreza é uma condição de vida inaceitável, mas não impede o desenvolvimento da resiliência. George Vsillant e Timothy Davis (2000) apresentaram evidência longitudinal de que não há relação alguma entre inteligência e resiliência e/ou classe social e resiliência.

A RESILIÊNCIA É DIFERENTE DE FATORES DE RISCO E FATORES DE PROTEÇÃO

Atualmente é possível perceber uma mudança na linguagem daquelas pessoas que estudam o fenômeno da resiliência. A consideração dos fatores de resiliência que enfrentam o risco foi substituída pela dos fatores de proteção ao risco. Essa mudança é profunda. Os fatores de proteção que funcionam para neutralizar o risco são logo identificados com a imunidade ao perigo (por exemplo, uma vacina). Essa percepção dos fatores de proteção nos faz pensar no indivíduo como imune ao risco, para o qual não necessitaria desenvolver resiliência. Por exemplo, se uma escola tem um cartaz avisando que não aceita pessoas estranhas em suas dependências, não há qualquer adversidade com que lidar. Essa é uma estratégia de proteção de que as crianças precisam, que não deve ser confundida com resiliência. Mas, se uma pessoa estranha segue uma criança na saída da escola e lhe oferece doces, nesse caso se requer resiliência. Que fatores a criança vai pôr em prática para enfrentar a situação? Vai correndo para casa? Volta para a escola? Alguma vez alguém lhe ensinou como agir em situações como essa?

A RESILIÊNCIA PODE SER MEDIDA E É PARTE DA SAÚDE MENTAL E DA QUALIDADE DE VIDA

A cada dia mais pessoas consideram a resiliência uma característica da saúde mental. De fato, foi reconhecida como aporte à promoção e à manutenção da saúde mental. O papel da resiliência é desenvolver a capacidade humana de enfrentar, vencer e sair fortalecido de situações adversas e transformado. É um processo que excede o simples "superar" essas experiências, já que permite sair fortalecido por elas, o que necessariamente afeta a saúde mental.

A primeira infância é um período excelente e apropriado para começar com a promoção de resiliência e saúde mental. Num volume especial da revista *American Psychologist*, Seligman e Cziksjentmihaly (2000) explicam como a resiliência contribui para a constituição da qualidade de vida, além de ser um "árbitro" das experiências negativas. Pesquisas recentes, que medem a resiliência, demonstram o quanto ela é efetiva para promover a qualidade de vida. A resiliência foi muito criticada devido à falta de medição. A causa disso foi o surgimento abrupto do conceito. Os primeiros projetos de pesquisa focalizavam a relação entre pais que viviam em situação de pobreza, ou sofriam de problemas psicológicos, e seus filhos. Para surpresa desses pesquisadores, um terço das crianças estudadas não era afetado negativamente pelas condições de vida descritas. Além disso, eram crianças felizes, com amigos, bom desempenho e saúde mental.

O estudo internacional da resiliência (Grotberg, 1999) marcou uma mudança importante na medição, já que ajudou a formalizar achados prévios. Esse projeto consistiu em determinar como as crianças haviam-se transformado em resilientes. Esses estudos foram a base para o desenvolvimento de um guia de promoção de resiliência em crianças, *Fortaleciendo el espíritu humano* (Grotberg, 1995), trabalho que o colega e amigo Néstor Suárez Ojeda traduziu para o espanhol.

Chok Hiew e colegas (2000) descobriram que as pessoas resilientes eram capazes de enfrentar adversidades. Advertiram também que a resiliência reduzia a intensidade do estresse e a diminuição de sinais emocionais negativos, como ansiedade, depressão ou raiva, ao mesmo tempo que aumentava a curiosidade e a saúde emocional. Portanto, a resiliência é efetiva não apenas para enfrentar adversidades, mas também para a promoção da saúde mental e emocional.

AS DIFERENÇAS CULTURAIS DIMINUEM QUANDO OS ADULTOS SÃO CAPAZES DE VALORIZAR IDÉIAS NOVAS E EFETIVAS PARA O DESENVOLVIMENTO HUMANO

Freqüentemente, as pessoas ficam nervosas quando percebem que outra cultura tenta impor seus pontos de vista e sistemas de valor na cultura local. Essa é uma boa razão para se irritar, já que parece razoável o desejo de manter os benefícios da própria cultura. Por exemplo, quem está acostumado à liberdade não vai querer trocá-la por segurança. Quem está acostumado a expressar seus sentimentos para o marido, ou para a mulher, é muito difícil que deixe de fazê-lo. Numa pesquisa com o colega Gasim Badri, constatamos que as pessoas, especialmente os pais, estavam dispostas a adotar práticas de outras culturas, uma vez que percebiam seus benefícios. O estudo acompanhava os pais na adoção de novas condutas que ajudassem a promover o desenvolvimento de seus filhos, trocando o castigo corporal pelo reforço negativo. Ou seja: conversando e fazendo a criança entender as conseqüências de seu comportamento.

As diferenças culturais observadas no projeto internacional de resiliência demonstraram que todos os países têm um conjunto comum de fatores resilientes para promover a resiliência de seus filhos. Entre as diferenças culturais registradas estavam o grau de controle ou autonomia dado às crianças, tipo e motivo de castigo, a idade estimada para a criança resolver seus próprios problemas, o grau de apoio e amor oferecido em condições adversas. Algumas culturas contavam mais com a fé do que com a resolução de problemas, outras estavam mais preocupadas com castigo e culpa e outras ainda, com disciplina e reconciliação.

PREVENÇÃO E PROMOÇÃO SÃO DIFERENTES CONCEITOS EM RELAÇÃO À RESILIÊNCIA

Parte importante da literatura sobre o tema está centrada na prevenção de adversidades e seu impacto. Esse modelo preventivo é consistente com o modelo epidemiológico de saúde pública, que trata da prevenção de doenças e até de violência, uso de drogas, doenças sexualmente transmissíveis, gravidez na adolescência e abuso infantil. O modelo de promoção está comprometido com a maximização do potencial e do bem-estar dos indivíduos em risco e não apenas com a prevenção dos problemas de saúde. É mais consistente com o modelo de resiliência, que focaliza a construção de fatores de resiliência, comprometendo-se com o comportamento resiliente e com a obtenção de resultados positivos, incluindo um valor agregado de bem-estar e qualidade de vida. As diferenças entre os conceitos foram fonte de discordância na implementação dos programas entre pesquisadores, políticos e profissionais da área. Esse conflito aparece, crescentemente, em organizações nacionais e internacionais, quando o interesse pelos fundos e decisões sobre os serviços emergem e requerem resoluções.

A RESILIÊNCIA É UM PROCESSO: FATORES DE RESILIÊNCIA, COMPORTAMENTOS E RESULTADOS RESILIENTES

O crescente interesse em considerar a resiliência como processo significa que ela não é uma simples resposta à adversidade, mas que incorpora os seguintes aspectos:

1. *Promoção de fatores resilientes*. O primeiro passo no processo de resiliência é promover os fatores de resiliência, anteriormente descritos. A resiliência está ligada ao crescimento e ao desenvolvimento humanos, incluindo diferenças de idade e gênero. Esses fatores serão usados no passo seguinte do processo.

2. *Compromisso com o comportamento resiliente.* O comportamento resiliente pressupõe a interação dinâmica de fatores de resiliência selecionados – "eu tenho", "eu sou", "eu estou", "eu posso" – para enfrentar a adversidade. Os passos incluem uma seqüência, assim como escolhas ou decisões:

    a) *Identificar a adversidade.* Muitas vezes, uma pessoa ou grupo não tem certeza de qual é a adversidade e é necessário definir a causa dos problemas e riscos.
    b) *Selecionar o nível e o tipo de resposta adequados.*

    - Para as crianças, uma limitada exposição à adversidade construirá comportamento resiliente, mais do que uma exposição total, que pode ser excessiva ou traumática. Seria o caso numa guerra ou bombardeio, em que a criança necessite da certeza de que a família estará ali para confortá-la e protegê-la, para que leve uma vida relativamente normal, mesmo sabendo que alguma coisa ruim aconteceu.
    - Planejamento pressupõe que existe tempo para prever como enfrentar a adversidade. Seria o caso diante de cirurgia, mudança, divórcio, troca de escola, etc.
    - Uma resposta discutida implica falar sobre os problemas ou representar o que se vai fazer. Esse seria o caso em uma simulação de incêndio, reunião com uma pessoa que tem autoridade para tomar decisões que afetam o grupo, a busca de uma escola apropriada, etc.
    - Uma resposta imediata requer ação imediata. Seria o caso de uma explosão, assalto, desaparecimento ou morte de pessoa querida, etc.

3. *Avaliação dos resultados de resiliência.* O objetivo da resiliência é ajudar os indivíduos e grupos não só a enfrentar as adversidade, como também a se beneficiar das experiências. A seguir, mencionaremos alguns desses benefícios:

    - *Aprender com a experiência.* O que se aprendeu e o que falta ser aprendido? Cada experiência implica sucessos e fracassos. Os sucessos podem ser utilizados na próxima experiência de adversidade com maior confiança, e os fracassos podem ser analisados para determinar como corrigi-los. Que fatores de resiliência, que comportamentos resilientes necessitam maior atenção?
    - *Estimar o impacto sobre os outros.* Os comportamentos resilientes conduzem a resultados positivos para todos. Enfrentar uma adversidade não pode prejudicar outras pessoas. Por isso,

um dos fatores de resiliência é o respeito pelos outros e por si mesmo.
- *Reconhecer um incremento do sentido de bem-estar e melhoria da qualidade de vida.* Esses resultados pressupõem saúde mental e emocional, que são as metas da resiliência.

Uma palavra final sobre os resultados. Algumas pessoas são transformadas por uma experiência de adversidade: um filho é assassinado por um motorista bêbado e sua mãe inicia uma campanha para deter os motoristas bêbados e consegue mudar a lei do país; um homem sofre com hemiplegia e cria uma fundação para obter fundos que impulsionem pesquisas a respeito; um jovem contrai HIV ou Aids e se dedica a apoiar outros com o mesmo problema. Essas transformações comumente geram maior empatia, altruísmo e compaixão pelos outros, que são os maiores benefícios da resiliência.

A área da resiliência continua crescendo; é maravilhoso, nesse sentido, ver como governos e universidades apóiam a pesquisa e a implementação de programas de resiliência. Seguramente, haverá novas descobertas, novos problemas na conceitualização, definição e medição do termo. Avançamos muito desde os primeiros estudos; hoje, com bases sólidas, podemos seguir construindo com confiança novos alcances desse frutífero conceito.

REFERÊNCIAS

Elder, G.H.; Conger, R.D. (2000): *Conceptual considerations on resilience*, Chicago, The University of Chicago Press, The John D. and Catherine T. MacArthur Foundation Series on Mental Health and Development.

Grotberg, E. (1995): *Fortaleciendo el espíritu humano* (trad.. Néstor Suárez Ojeda) La Haya, Fundación Bernard van Leer.

Grotberg, E. (1999): "The International Resilience Project", en R. Roth (ed.), *Psychologists Facing the challenge of a global culture with human rights and mental health*, Pabst: 239-256.

Hiew, C.; Chok, C.J; Mori, J.; Shmigu, M.; Tominaga, M. (2000): "Measurement of resilience development: preliminary results with a state-trait resilience inventory", *Journal of Learning and Curriculum Development*, 1, p. 111-117.

Madsen, A. et al. (1998): "The development of competence in favorable and unfavorable environments", *American Psychologist*, 53, p. 205-220.

Vsillant, G.; Davis, T. (2000): "Social/emotional intelligence and midlife: resilience in schoolboys with low tested intelligence", *American Journal of Orthopsychiatry*, 70(2), abril de 2000, p. 215-222.

U.S. Gov. (1999): *Mental health: a report of the surgeon general, public health, and human services*, HHS, Washington DC.

Selligman, M.; Czikszentmihaly, M. (eds.) (2000): "Happiness, excellence, and optimum human function", *American Psychologist*, 55(1), enero de 2000.

A RESILIÊNCIA COMO PROCESSO: UMA REVISÃO DA LITERATURA RECENTE*

Francisca Infante

INTRODUÇÃO

O começo do novo século proporcionou a oportunidade para refletir sobre os eventos científicos que influíram em nosso conhecimento e sobre os desafios e oportunidades que permitirão melhor entendimento de todas as pessoas (Cicchetti e Sroufe, 2000). Na área do desenvolvimento humano, a ênfase dessas reflexões está na importância de promover o potencial de todos, em vez de destacar somente o evento danoso. Nesse contexto, o conceito de resiliência adquiriu especial importância. A resiliência (mais estudada na infância) tenta entender como crianças, adolescentes e adultos são capazes de sobreviver e superar adversidades, apesar de viverem, em condições de pobreza, violência intrafamiliar, doença mental dos pais ou apesar das conseqüências de uma catástrofe natural, entre outras (Luthar e outros, 2000). Na área de intervenção psicossocial, a resiliência tenta promover processos que envolvam o indivíduo e seu ambiente social, ajudando-o a superar a adversidade (e o risco), adaptar-se à sociedade e ter melhor qualidade de vida.

O enfoque da resiliência surge a partir dos esforços para entender as causas e a evolução da psicopatologia. Esses estudos demonstraram que existia um grupo de crianças que não desenvolvia problemas psicológicos ou de adaptação social, apesar das predições dos pesquisadores (Masten, 1999 e 2001; Grotberg, 1999a). O primeiro passo foi assumir que essas crianças se adapta-

---

*Parte deste capítulo foi preparada para a Fundação Bernard van Leer.

vam positivamente porque eram "invulneráveis" (Koupernik, A., em Rutter, 1991), ou seja, podiam "resistir" ao estresse e à adversidade. Postular a resiliência como conceito no lugar da "invulnerabilidade" se deve ao fato de a resiliência implicar que o indivíduo é afetado pelo estresse ou pela adversidade e é capaz de superá-lo e sair fortalecido; além disso, a resiliência implica um processo que pode ser desenvolvido e promovido, enquanto a invulnerabilidade é um traço intrínseco do indivíduo (Rutter, 1991). Junto com o conceito de resiliência, surgiu uma primeira geração de pesquisadores, cujo interesse era descobrir os fatores protetores que estão na base dessa adaptação positiva em crianças que vivem em condições de adversidade (Kaplan, 1999). Uma segunda geração de pesquisadores expandiu o tema da resiliência em dois aspectos: a noção de processo, que implica a dinâmica entre fatores de risco e de resiliência, que permite ao indivíduo superar a adversidade, e a busca de modelos para promover resiliência de forma efetiva em termos de programas sociais.

Este trabalho oferece uma revisão bibliográfica da segunda geração de pesquisadores, com o objetivo de definir onde se localiza o conceito, hoje, e quais são os desafios que continuam pendentes, tanto em resiliência quanto no desenvolvimento humano.

DESENVOLVIMENTO HISTÓRICO DO CONCEITO DE RESILIÊNCIA

Um dos primeiros elementos que aparecem na literatura desses últimos anos é o acordo explícito, entre os especialistas em resiliência, de que existem duas gerações de pesquisadores (Masten, 1999; Luthar e outros, 2000; Luthar e Cushing, 1999; Kaplan, 1999). A primeira, nos anos 1970, se pergunta: "Entre as crianças que vivem em risco social, o que distingue os que se adaptam positivamente dos que não se adaptam à sociedade?" (Luthar, 1993, em Kaplan, 1999). Esse tipo de pesquisa procura identificar os fatores de risco e de resiliência que influem no desenvolvimento de crianças que se adaptam positivamente, apesar de viverem em condições de adversidade. Um marco nessa primeira geração é o estudo longitudinal de Emmy Werner e Ruth Smith (1992) em Kauai, Havaí. Foram estudadas 505 pessoas, durante 32 anos, do período pré-natal, em 1955, até a vida adulta. O estudo consistiu em identificar, em um grupo de indivíduos que viviam em condições de adversidade similares, os fatores que diferenciavam os que se adaptavam positivamente à sociedade daqueles que assumiam condutas de risco. No desenvolvimento histórico dessa primeira geração, começa-se a ampliar o foco de pesquisa, que se desloca de um interesse em qualidades pessoais, que permitiriam superar a adversidade (como a auto-estima e autonomia) para um interesse maior em estudar os fatores externos ao indivíduo (nível socioeconômico, estrutura familiar, presença de um adulto próximo). A maioria dos pesquisadores dessa geração se identificou com o modelo triádico de resiliência, que consiste em organizar os fatores resilientes e de risco em três grupos:

os atributos individuais, os aspectos da família e as características dos ambientes sociais a que as pessoas pertencem.

A segunda geração de pesquisadores, que começou a publicar nos anos 1990, se pergunta: "Quais são os processos associados a uma adaptação positiva, já que a pessoa viveu ou vive em condições de adversidade?" O foco de pesquisa desta segunda geração retoma o interesse da primeira em inferir que fatores estão presentes nos indivíduos com alto risco social, que se adaptam positivamente à sociedade, ao que agregam o estudo da dinâmica entre fatores que estão na base da adaptação resiliente. Dos pesquisadores pioneiros na noção dinâmica de resiliência, Michael Rutter (1991) propôs o conceito de mecanismos protetores e Edith Grotberg (1993) formulou o conceito que, como veremos, dá base ao Projeto Internacional de Resiliência (PIR).

Michael Rutter (1991, em Infante, 1997, p. 10) entende resiliência:

> Como uma resposta global em que estão em jogo os mecanismos de proteção, entendendo por estes não a valência contrária aos fatores de risco, mas aquela dinâmica que permite ao indivíduo sair fortalecido da adversidade, em cada situação específica, respeitando as características pessoais.

Edith Grotberg foi pioneira na noção dinâmica da resiliência, já que em seu estudo PIR define que esta requer a interação de fatores resilientes advindos de três diferentes níveis: suporte social (eu tenho), habilidades (eu posso) e força interna (eu sou e eu estou). Dessa forma, apesar de organizar os fatores de resiliência num modelo triádico, incorpora como elemento essencial a dinâmica e a interação entre esses fatores.

Autores mais recentes dessa segunda geração são Luthar e Cushing (1999), Masten (1999), Kaplan (1999) e Benard (1999), que entendem resiliência como um processo dinâmico em que as influências do ambiente e do indivíduo interatuam em uma relação recíproca, que permite à pessoa se adaptar, apesar da adversidade. A maioria dos pesquisadores, pertencentes a essa geração, simpatiza com o modelo ecológico-transacional de resiliência, que tem suas bases no modelo ecológico de Bronfenbrenner (1981). A perspectiva que norteia o modelo ecológico-transacional de resiliência consiste em o indivíduo estar imerso em uma ecologia determinada por diferentes níveis, que interatuam entre si, exercendo uma influência direta em seu desenvolvimento humano. Os níveis que formam o marco ecológico são: o individual, o familiar, o comunitário (vinculado aos serviços sociais), e o cultural (vinculado aos valores sociais). Ao decifrar esses processos dinâmicos de interação entre os diferentes níveis do modelo ecológico, poder-se-á entender melhor o processo imerso na resiliência. Conseqüentemente, o desafio dessa geração de pesquisadores é a identificação dos processos da base da adaptação resiliente, que permitirá avançar na teoria e na pesquisa, além de possibilitar a criação de estratégias programáticas dirigidas a promover resiliência e qualidade de vida.

O CONCEITO DE RESILIÊNCIA

Ao longo da história do conceito de resiliência houve várias definições. Entre elas, a que melhor representa a segunda geração de pesquisadores é a adotada por Luthar e outros (2000), que definem resiliência como "um processo dinâmico que tem como resultado a adaptação positiva em contextos de grande adversidade" (p. 543). Essa definição, como outras características dessa segunda geração, distingue três componentes essenciais que devem estar presentes no conceito de resiliência:

1. a noção de adversidade, trauma, risco ou ameaça ao desenvolvimento humano;
2. a adaptação positiva ou superação da adversidade;
3. o processo que considera a dinâmica entre mecanismos emocionais, cognitivos e socioculturais que influem no desenvolvimento humano.

Ao definir cada um desses componentes do conceito, é possível criar um modelo para pesquisas e elaboração de programas de promoção de resiliência. A seguir, no Quadro 1.1, apresentamos um estudo de caso que servirá para exemplificar os diferentes aspectos do conceito de resiliência, e as definições de cada um desses componentes.

QUADRO 1.1

> O projeto Kusisqa Wawa é um processo piloto, orientado para a prevenção dos efeitos negativos do maltrato em crianças menores de 6 anos que vivem na área rural andina do Peru. O plano de trabalho de Kusisqa Wawa é considerado inovador, pois trabalha com um enfoque de resiliência que promove a auto-estima, a criatividade, o humor e a autonomia das crianças, além de trabalhar com a família, a comunidade e as organizações sociais. O projeto Kusisqa Wawa é uma iniciativa da Secretária Técnica de Assuntos Indígenas do Ministério de Promoção da Mulher e do Desenvolvimento Humano, com o apoio da Fundação Bernard van Leer (Kusisqa Wawa, 1998, 1999).

Adversidade

A definição do conceito de resiliência requer que o indivíduo obtenha uma adaptação positiva, apesar de estar, ou haver estado, exposto a uma situação de adversidade (Kaplan, 1999). O termo "adversidade" (também usado como sinônimo de risco) pode designar uma constelação de muitos fatores de risco (como viver na pobreza) ou uma situação de vida específica (a morte de um familiar).

A adversidade pode ser definida objetivamente por meio de instrumentos de medição ou, subjetivamente, pela percepção de cada indivíduo (Luthar, Cicchetti e Becker, 2000; Luthar e Cushing, 1999; Kaplan, 1999).

Em resumo, para identificar resiliência e criar pesquisas e programas de promoção, sugere-se que a definição de adversidade especifique a natureza do risco, se é subjetivo ou objetivo, e a ligação existente entre adversidade e adaptação positiva.

QUADRO 1.2

> O programa de Kusisqa Wawa definiu que as fontes de adversidade que afetam as crianças são a situação de pobreza em que vivem, o estresse pós-traumático, produzido pela guerra política dos anos 1980 e a falta de acesso a serviços como saúde, transporte e água potável. De acordo com o modelo de resiliência do programa, essas variáveis de adversidade, especialmente a guerra, se relacionam com o maltrato infantil de duas formas:
>
> 1. geraram a aceitação da violência como estratégia para resolver conflitos sociais e familiares;
> 2. a violência política produziu a dissolução de redes de apoio e espaços da comunidade, o que facilitou a não percepção do maltrato infantil (Kusisqa Wawa, 1997).
>
> Ao considerar a resiliência como processo, não basta mencionar as fontes de adversidade, mas é necessário especificar, por meio de modelos teóricos, ou de pesquisas empíricas, como essas variáveis interatuam e se relacionam com o que se define como risco social e como adaptação positiva.

Adaptação positiva

A adaptação positiva permite identificar se houve um processo de resiliência. A adaptação pode ser considerada positiva quando o indivíduo alcançou expectativas sociais associadas a uma etapa de desenvolvimento, ou quando não houve sinais de desajuste. Em ambos os casos, se a adaptação positiva ocorre, apesar da exposição à adversidade, considera-se uma adaptação resiliente.

Ao nos referirmos à adaptação resiliente, é importante considerar três aspectos essenciais: a) a conotação ideológica associada à adaptação positiva; b) a heterogeneidade nas diferentes áreas do desenvolvimento humano; e c) a variabilidade ontogenética.

a) *A conotação ideológica associada à adaptação positiva.* Para Masten (1994), resiliência implica uma avaliação qualitativa do funcionamento do indivíduo, baseada em expectativas de um conceito de desenvolvimento normal, que varia conforme cada cultura. Os parâmetros de avaliação do que se considera "apropriado" para cada etapa de desenvolvimento provêm da literatura produzida em sociedades desenvolvidas, que, generosamente, estudaram homens anglo-saxões de classe média (Rigsby, 1994). Nessa mesma linha de discussão, Luthar (1999) aborda o desafio de desenvolver futuras pesquisas que definam modelos conceituais de desenvolvimento normal, em contextos de pobreza e, dessa forma, de criar espaço para a interpretação do conceito de "desenvolvimento normal" e resiliência, em função de cada contexto.
b) *A heterogeneidade nas diferentes áreas do desenvolvimento humano* remete à impossibilidade de esperar uma adaptação resiliente por igual em todas as áreas de desenvolvimento (incluindo as áreas cognitivas, de conduta, social e emocional (Luthar, Cicchetti, Becker, 2000). A uniformidade no desenvolvimento humano, a sua capacidade de adaptação positiva nos diferentes aspectos, não ocorre nem mesmo nos casos considerados de desenvolvimento "normal". Nesse sentido, uma conseqüência comum do princípio da uniformidade é entender resiliência como antídoto para criar "supercrianças", praticamente perfeitas, em cada área do desenvolvimento, apesar de viverem em situação de adversidade. Esse modelo de "supercriança" concebe o indivíduo como imune à adversidade, sem considerar seus aspectos de vulnerabilidade e seus próprios esforços para superar a adversidade.
c) *A variabilidade ontogenética* (Luthar, Cicchetti, Becker, 2000) faz referência à idéia de que resiliência é um processo que pode ser promovido durante o ciclo da vida. De fato, se a adaptação resiliente na infância pode contribuir para a adaptação resiliente na adolescência (dadas certas condições do ambiente e do indivíduo), então as intervenções seriam mais efetivas se cobrissem o ciclo de desenvolvimento humano. Luthar, Cicchetti e Becker (2000) afirmam que, apesar de todos os indivíduos (resilientes ou não) mudarem ao longo do tempo, se demonstrou (Glantz e Sloboda, 1999, e Masten, no prelo, citado em Luthar e outros, 2000) que crianças que vivem em situações de risco e se saem relativamente bem, em geral, continuam tendo resultados positivos ao longo do tempo.

Esse argumento de variabilidade ontogenética sugere que, se o ambiente, a família e a comunidade seguem apoiando o desenvolvimento da criança e provendo os recursos de que possa necessitar para superar a adversidade, existe alta probabilidade de que o indivíduo continue se adaptando positivamente através do tempo (Werner e Johnson, 1999). Essa estabilidade durante o desenvolvimento não significa que uma pessoa *é* resiliente, já que isso equivaleria ao equívoco de considerar a resiliência um traço de personalidade ou atributo pessoal.

"Estabilidade ao longo do desenvolvimento" significa que, se o ambiente provê os recursos necessários para que a criança que vive em situação de adversidade possa continuar se adaptando positivamente, durante as diferentes etapas do desenvolvimento, pode-se dizer que a resiliência se manterá como uma capacidade estável durante a vida.

QUADRO 1.3

Os objetivos (ou obtenção de uma adaptação positiva de acordo com o modelo de resiliência como processo) de Kusisqa Wawa são:

1. promover relações intrafamiliares não-agressivas;
2. promover fatores de auto-estima, criatividade, humor e autonomia;
3. promover a perspectiva de gêneros no trato com crianças de 0 a 6 anos;
4. promover o protagonismo infantil;
5. promover a recuperação nutricional;
6. promover a saúde da criança;
7. promover redes sociais de apoio, na família e na comunidade;
8. contribuir para o desenvolvimento de políticas para a prevenção do maltrato infantil (Kusisqa Wawa, no prelo).

Ao analisar os diferentes objetivos associados à adaptação positiva esperada, que tendem a diminuir os efeitos negativos do maltrato infantil, é possível observar que esses objetivos consideram uma perspectiva ecológica, já que se dirigem aos fatores de resiliência no plano inidividual, familiar, da comunidade e das políticas públicas. Para ser coerente com o modelo de resiliência como processo, seria necessário explicitar como esses objetivos influem na diminuição do maltrato infantil e se são objetivos finais ou intermediários. Ou seja, um objetivo intermediário pode ser a promoção de relações familiares não-agressivas e isso pode afetar de forma indireta o objetivo final de adaptação positiva, que é a diminuição dos efeitos negativos do maltrato infantil (Luna, 2001).

Em resumo, para identificar resiliência é necessário que exista adaptação positiva. Essa adaptação pode ser determinada pelo desenvolvimento de algum aspecto do indivíduo ou pela ausência de condutas disruptivas. Em ambos os casos, é necessário considerar que o conceito de "desenvolvimento normal" pode particularizar cada grupo cultural, que a resiliência pode ser observada em condutas ou áreas específicas do desenvolvimento humano e que é necessário fortalecer a resiliência ao longo de todo o ciclo da vida. Isto ocorre já que esses aspectos permitirão criar intervenções específicas para cada cultura, centrando-se em áreas delimitadas do desenvolvimento humano e promovendo a resiliência durante toda a vida.

Processo

A noção de processo permite entender a adaptação resiliente em função da interação dinâmica entre múltiplos fatores de risco e de resiliência, os quais podem ser familiares, bioquímicos, fisiológicos, cognitivos, afetivos, biográficos, socioeconômicos, sociais e/ou culturais. A noção de processo descarta definitivamente a concepção de resiliência como um atributo pessoal e incorpora a idéia de que a adaptação positiva não é uma tarefa apenas da criança, mas que família, escola, comunidade e sociedade devem prover recursos para que a criança possa se desenvolver mais plenamente.

Luthar, Cicchetti, Becker (2000) sugerem que a concepção de resiliência como um atributo pessoal procede da ego-resiliência, que explica a adaptação positiva do indivíduo a partir de seus recursos internos e de um caráter enérgico e flexível, que lhe permitem se relacionar de forma positiva com as circunstâncias que o rodeiam. Como mencionam Luthar, Cicchetti, Becker (2000), as diferenças entre entender a resiliência como um processo ou um atributo de personalidade são duas: uma é que a ego-resiliência não se desenvolve, mas é inerente a alguns seres humanos; a outra é que ela não requer a presença da adversidade, um dos elementos centrais do enfoque de resiliência. É possível sugerir que, para desenvolver um modelo de resiliência, é necessário definir adversidade e adaptação positiva e descrever o processo de conexão entre ambas. Ao explicitar as possíveis relações entre fatores de risco e de resiliência, é possível entender como ocorre a adaptação resiliente e aperfeiçoar os processos que se mostrem exitosos.

METODOLOGIA DE PESQUISA EM RESILIÊNCIA

Um dos aspectos centrais que define a segunda geração de pesquisadores em resiliência é sua busca de métodos de pesquisa que possam refletir o processo envolvido na adaptação resiliente. De acordo com o que se revisou anteriormente, os métodos de pesquisa buscam definir os três conceitos que fazem parte do modelo de resiliência, como medir a adversidade, a adaptação positiva e o processo de desenvolvimento que permite superar a adversidade e se adaptar positivamente. Apresentaremos agora a descrição que Luthar e Cushing (1999) fazem dos diferentes métodos para medir a resiliência.

Medição de adversidade

Nos estudos empíricos de resiliência, podem-se distinguir três formas de medir a adversidade ou risco.

QUADRO 1.4

Por exemplo, Kusisqa Wawa definiu que o processo de adaptação positiva inclui o trabalho com os diferentes níveis do marco ecológico. No entanto, assim como a maioria dos programas de intervenção com enfoque de resiliência, não especifica qual é a interação entre as variáveis, quais são os objetivos intermediários, nem quais são os objetivos finais ou de adaptação positiva esperada.

De acordo com Luthar (2001), uma possível definição de processo em Kusisqa Wawa seria:

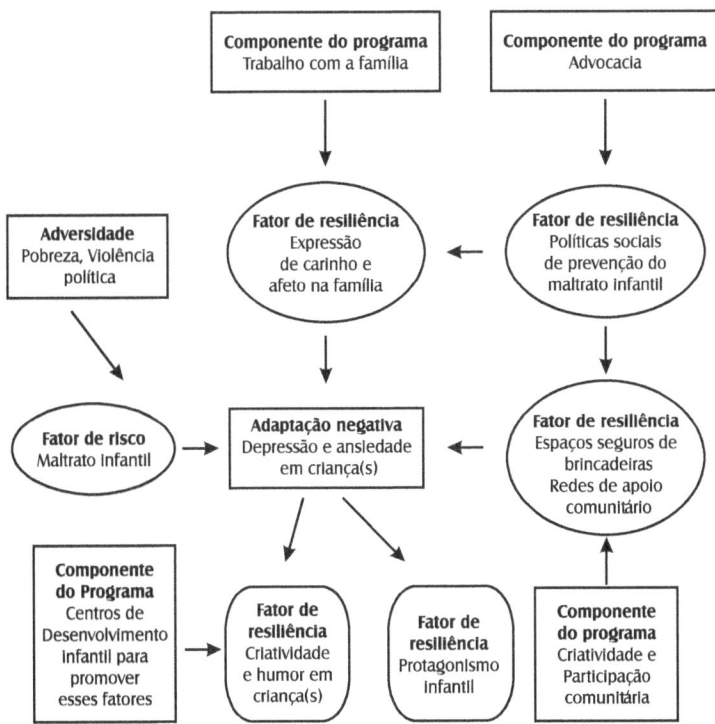

Nesta figura, se apresentam alguns dos fatores descritos por Kusisqa Wawa e logo se especifica em qual ou quais desses fatores haverá intervenção do programa. Assim, fica claro que a adaptação resiliente esperada é a diminuição da depressão e da ansiedade infantil, conseqüência direta do maltrato, por sua vez influenciado pela pobreza e pelo estresse pós-traumático da violência política, entre outros fatores.

Este é um exemplo simples do que poderia ser um enfoque de processo e a conexão explícita entre o que é considerado adversidade, adaptação negativa e resiliência.

a) *Medição de risco por meio de múltiplos fatores.* Esse tipo de medição se caracteriza por mensurar diferentes fatores em um só instrumento. Geralmente, o instrumento é uma escala de eventos negativos de vida, a partir da qual o indivíduo deve especificar aqueles acontecimentos que estiveram presentes, por exemplo: separação dos pais, doença mental deles, experiência de guerra, desastre natural, etc. O problema com esse método de medição é a validade, ou seja, a coerência entre o que o instrumento define como evento negativo e o que o indivíduo percebe como adversidade que afetou de forma negativa o seu desenvolvimento. As escalas tampouco permitem considerar a magnitude ou a severidade da adversidade analisada. Dessa forma, para utilizar a medição de risco por meio de múltplos fatores é necessária a validação do instrumento em termos da associação entre o risco que mede e o resultado esperado.
b) *Situações de vida específicas.* Nesse caso, a natureza do risco é determinada pelo que a sociedade, os indivíduos ou os pesquisadores consideram uma situação de vida estressante. Por exemplo, a experiência de um desastre natural ou da morte de um parente. Ambas situações demonstram afetar o indivíduo, tornando-o mais vulnerável a outros fatores de risco. Considerar situações de vida, como eventos estressantes, para medir resiliência mostra a dificuldade de discriminar os fatores que têm direta relação com o risco (fatores próximais) daqueles que ficam entre o risco e o resultado esperado (fatores distais).
c) *Constelação de múltiplos riscos.* Essa forma de medição reflete as complexidades do mundo real, já que considera simultaneamente a interação entre os fatores provenientes dos níveis social, comunitário, familiar e individual e o modo como essa interação influi no desenvolvimento humano e na superação da adversidade. A constelação de múltiplos riscos é o mapeamento das fontes de adversidade, a que equivale determinada quantidade de pontos. A única dificuldade desse sistema de medição é determinar se as adversidades consideradas no estudo representam uma fonte real na vida das pessoas que estão sendo estudadas. Por isso, é essencial, para essa metodologia de medição, que se defina o que constitui adversidade para os indivíduos do estudo sobre a base de valores e crenças da própria comunidade.

Medição da adaptação positiva

As estratégias para medir a adaptação positiva em pesquisas sobre resiliência são similares às estratégias descritas para medir adversidade. Luthar e Cushing (1999) distinguem três formas de definir a adaptação positiva:

a) *Adaptação segundo fatores múltiplos*. Esse método mede a adaptação com base na obtenção de metas, de acordo com a etapa do desenvolvimento da pessoa. A denominação "fatores múltiplos" ocorre porque são feitas perguntas a professores, pais e amigos, além da aplicação de um teste específico para medir a conduta que determinará a adaptação positiva. Em cada comunidade, o foco do que se definirá como adaptação positiva varia, mas o importante é que esteja relacionado com a definição de risco.
b) *Ausência de desajuste*. Esse tipo de medição se utiliza em pesquisa de resiliência com pessoas em sério risco de psicopatologia. Os instrumentos utilizados são, geralmente, questionários clínicos para identificar desordens psiquiátricas. Mesmo quando a resiliência for associada à competência, a ênfase está na superação da adversidade e na ausência de sintomatologia. Essa forma de medição está restrita aos casos de extremo risco, pertencentes, em geral, à área clínica.
c) *Constelação de adaptação*. Essa metodologia de medição da adaptação positiva se baseia em diferentes condutas ou tipos de adaptação. Os índices escolhidos têm relação direta com o modelo teórico, que geralmente se baseia em teorias do desenvolvimento. Esse método incorpora provas e escalas, além de opiniões de outras pessoas. Por exemplo, uma adaptação positiva na escola é medida em função da obtenção de boas qualificações e bom comportamento em aula, além de relevar informação a partir de entrevistas com colegas e pais (Luthar e Cushing, 1999).

Medição do processo de resiliência

A medição do processo de resiliência remete à união crítica entre adversidade e adaptação positiva. Na história da resiliência, esse processo é medido de duas formas diferentes: uma, centrando-se nas variáveis específicas que conformam o processo; outra, centrando-se no indivíduo e sua história, ao longo de seu desenvolvimento (Luthar e Cushing, 1999; Masten, 2001). Vamos revisar os dois modelos:

a) *Modelo baseado em variáveis*. Esse modelo baseia-se numa análise estatística das conexões entre variáveis de risco ou adversidade, resultados esperados e fatores protetores que possam compensar ou proteger os efeitos de risco (Masten, 2001). Esse modelo permite reproduzir os padrões ou interações que se mostraram exitosos na adaptação resiliente. Para implementar programas de promoção de resiliência, é necessário escolher um marco conceitual que possa explicar as interações entre as diversas variáveis e definir as conexões esperadas entre situações de estresse e atributos particulares de adaptação positiva.

b) *Modelo baseado em indivíduos*. Essa forma de medição compara indivíduos ao longo do tempo. Pergunta-se quais as diferenças entre crianças resilientes e crianças não-resilientes durante sua trajetória escolar, por exemplo. Esse enfoque pretende captar as interações dos fatores que ocorrem naturalmente e elaborar hipóteses sobre as causas da diferença no resultado da adaptação. Ao conhecer os processos que ocorrem naturalmente, é possível reproduzir o processo de forma artificial para promover resiliência.

Em resumo, o modo de identificar resiliência é dado pela conexão teórica e metodológica que se estabelece entre a situação de adversidade e a adaptação positiva ou a ausência de desajuste social. Essa adaptação resiliente pode ser medida através de um teste com um objetivo único, entrevistando professores, pais ou membros da comunidade, a criança, ou através da combinação de todos os métodos mencionados. Geralmente, a pesquisa em resiliência utiliza teorias de desenvolvimento para definir a adaptação positiva, o que se traduz em obtenção de determinados aspectos do desenvolvimento apesar da situação de adversidade.

VANTAGENS E DESAFIOS DE UM MODELO DE RESILIÊNCIA

Vantagens de um modelo de resiliência

As pesquisas em resiliência mudaram a forma como se percebe o ser humano: de um modelo de risco, baseado nas necessidades e na doença, se passou a um modelo de prevenção e promoção, baseado nas potencialidades e recursos que o ser humano tem em si mesmo e ao seu redor. Especificamente, no plano das intervenções psicossociais, o modelo de resiliência mudou a natureza dos marcos conceituais, metas, estratégias e avaliações (Masten, 2001). Na área das metas de intervenção, estas incluem a promoção de adaptação positiva, ao mesmo tempo que previnem problemas específicos ou sintomas. As estratégias buscam promover vantagens e aspectos positivos da ecologia do indivíduo, além de reduzir o risco ou as fontes de estresse; procuram promover processos de desenvolvimento humano, além do tratamento da doença. De acordo com Masten (2001), todas essas mudanças refletem uma transformação na conceitualização do que significa prevenção e intervenção. Alguns autores (Infante, 1997, 2001a) entendem que o enfoque em resiliência é uma contribuição para a mudança de paradigma epistemológico, já que considera o indivíduo agente de sua própria ecologia e adaptação social. Um indivíduo que não mais apenas "carece" e "adoece", mas que é capaz de procurar seus próprios recursos e sair fortalecido da adversidade. O enfoque em resiliência obriga trabalhadores da saúde e profissionais da área social a prestarem atenção ao que Masten (2001) chama de "*ordinary magic*", a magia cotidiana, expressão que remete à evidência de que o processo da adaptação positiva pode ocorrer em contextos cotidianos de adversidade extrema e que, mesmo assim, o indivíduo é capaz de encontrar recursos e superar a adversidade. Por último, esse enfoque possui a vantagem de considerar que o processo de adaptação resiliente não é responsabilidade única do indivíduo, mas de toda a ecologia que o rodeia.

Segundo Luthar e Cicchetti (no prelo), outra vantagem de um enfoque em resiliência é que o desenvolvimento humano fica compreendido dentro de um contexto específico. Se cada indivíduo está imerso num marco ecológico, então, para compreender melhor o processo de resiliência, é necessário considerar seu ambiente e sua cultura, assim como as tarefas específicas correspondentes a cada etapa do seu desenvolvimento. Isso significa que as definições de adversidade e de adaptação positiva provêm mais de pesquisas empíricas do grupo, que participará da intervenção, do que de categorias exportadas da psicologia dominante. Por último, se consideramos a ecologia do ser humano como a fonte de recursos e possibilidades para um desenvolvimento sadio, então a promoção de resiliência passa a ser uma responsabilidade compartilhada entre profissionais de diferentes disciplinas, distintos níveis de influência e diversas idades.

Desafios de um modelo de resiliência

A respeito dos desafios que seguem pendentes em resiliência, Luthar, Cicchetti, Becker (2000) postulam a necessidade de serem consistentes com a terminologia utilizada e com a sua definição. Ou seja, quando uma pesquisa ou documento se refere à resiliência, diz respeito a um traço inerente a alguns indivíduos, à capacidade humana que todos podem desenvolver, a uma soma de fatores protetores que afetam o desenvolvimento do indivíduo ou o processo de adaptação em situações de adversidade.

A exigência de precisão terminológica vincula-se à outra necessidade cada vez mais iminente no campo da resiliência: a necessidade de escolher um marco conceitual que explique e ajude a elucidar esse processo ou a interação dos diferentes fatores de resiliência e de risco (Luthar, Cicchetti, Becker, 2000). A primeira geração de pesquisadores considera a resiliência um descobrimento "*ex post*", ou seja, somente se pode catalogar uma resposta como resiliente se o indivíduo já se adaptou positivamente. Somente nesse caso se inferem os fatores presentes nos indivíduos que superaram a adversidade, tentando descrevê-los. Ao considerar a resiliência como processo passível de ser promovido, pesquisadores e pessoas que trabalham em intervenção necessitam de teorias que os ajudem a elucidar quais são as dinâmicas imersas no processo de adaptação, para que possam ser eficazes em intervenções de contexto similar.

Para ser ainda mais específicas, as teorias e pesquisas com base no conceito de resiliência devem se sustentar no grupo específico a que se dirige a intervenção. Isso permite pesquisar e sistematizar intervenções de promoção psicossocial e adaptação positiva com base na cultura específica em que o sujeito está inserido e não apenas por meio de categorias definidas pela psicologia dominante (Children in Adversity, 2000; Luthar, 1999).

O desafio de que pesquisadores, profissionais e políticos trabalhem juntos, utilizando um vocabulário comum, permite aumentar a comunicação entre as diferentes disciplinas e áreas que influem na promoção do desenvolvimento humano (Children in Adversity, 2000). Luthar (1999) acrescenta a necessidade de pesquisa interdisciplinar que inclua os aportes de antropólogos, sociólogos, epidemiólogos, biólogos, especialistas em genética e dos próprios sujeitos de estudo para, assim, poder explicar o processo de resiliência de forma eficaz e sustentável.

Para concluir, é possível concordar com a literatura recente em resiliência, que sugere que, mesmo sendo importante trabalhar pela promoção de fatores resilientes específicos, é crucial avançar na pesquisa e elaboração de teorias que expliquem como esses fatores específicos interatuam na ecologia do indivíduo, permitindo o processo de uma adaptação resiliente. Essa ênfase no processo dinâmico de resiliência e na sua promoção é um aporte da segunda geração de pesquisadores, fazem um chamado a focalizar na ecologia em que o indivíduo se desenvolve.

Autores como Luthar e Masten nos desafiam a trabalhar de forma interdisciplinar, para que possamos medir e promover resiliência, já que as estratégias mais eficazes serão as que promovem resiliência política, institucional, comunitária, familiar e individualmente. Mais ainda, para poder fazê-lo de forma eficiente, as pesquisas e os programas deveriam ser planejados segundo um marco conceitual claro, que defina resiliência, adversidade, adaptação positiva, o processo de resiliência e a conexão entre os diferentes componentes do modelo, sem esquecer que a definição de resiliência deveria contemplar variações culturais que afetam o processo de adaptação positiva.

É importante entender a resiliência como um processo de superação da adversidade, como responsabilidade social e política, já que pode ser promovida com a participação de pais, pesquisadores, pessoas que trabalham na área, implementando programas psicossociais e serviços sociais, os políticos e a comunidade. Dessa forma, a resiliência permite nova epistemologia do desenvolvimento humano, pois enfatiza seu potencial, é específica de cada cultura e faz um chamado à responsabilidade coletiva. Um enfoque em resiliência permite a promoção da qualidade de vida seja um trabalho coletivo e multidisciplinar.

REFERÊNCIAS

Benard, B. (1999): "Applications of resilience: Possibilities and promise", en Glantz, M. e J. Johnson (eds), *Resilience and development: positive life adaptations*, New York, Plenum Publishers, p.269-277.

Bronfenbrenner, U. (1981): *Ecology of human development: experiments by nature and design*, Cambridge, Massachussets, Harvard University Press. (Publicado em língua portuguesa pela Artmed Editora, sob o título: *A ecologia do desenvolvimento humano*. Porto Alegre, 1996.)

Cicchetti, D.; Sroufe (2000): "The past as prologue to the future: The times, they've been a-changin", en *Development and Psychopathology* 12, 3, Cambridge University Press.

Children in Adversity (2000): *Narrative Report of the Consultation*, Oxford, dezembro de 2000.

Glantz, M.; Sloboda, Z.: "Analysis and reconceptualization of resilience, en Glantz, M. y Johnson, J. (eds.), *Resilience and development: positive life adaptations*, New York, Plenum Publishers.

Grotberg, E. (1995): *The International Resilience Project: Promoting resilience in children*, Washington D.C., Civitan International Research Center, University of Alabama at Birmingham, ERIC Reports.

_____ . (1999): "The International Resilience Research Project", en Rosswith, R. (ed.), *Psychologys facing the challenge of a global culture with human rights and mental health*, Pabst Science Publishers, p. 237-256.

_____ . (1999b): *Resilience and mental health. Presented as a result of the incorporation for Mental Health Initiatives into the School of Public Health and Health Services, Medical Center*, Washington D.C., The George Washington University.

Infante, F. (1997): *"Acciones específicas que los jovenes y los agentes de salud toman para promover la resiliencia en los primeros"*, tesis para postular al título de psicologa de la Universidad Diego Portales, Santiago, Chile.

_____ . (2001a): *Five open questions to resilience: a review of recent literature*, La Haya, Fundacion Bernard van Leer.

Kaplan, H. (1999): "Toward an understanding of resilience: A critical review of definitions and models", en Glantz, M.; Johnson, J. (eds.), *Resilience and development: positive life adaptations*, New York, Plenum Publishers, p. 17-84.

Kusisqa Wawa (1997): *"Project description for Bernard van Leer grant application"*, documento interno, Lima, Promudeh (em espanhol).

_____ . (1999): *"Applying a resilience framework. Staff's training on resilience"*, documento interno, Lima, Promudeh (em espanhol).

_____ . (no prelo): *Una descripcion del programa. Espacio para la infancia. Fundacion Bernard van Leer.*

Luna, Sergio (2001): *Methodological possibilities and limitations of four programs in latin america working with a resilience framework*, La Haya, Bernard van Leer Foundation.

Luthar, S. (1999): Poverty and Children's Adjustment, Newbury Park, CA, Sage Publications.

_____ . (2001): "Sugerencias al documento escrito por Infante (2001b)", inédito.

Luthar, S.; Cicchetti, D. (no prelo): "The construct of resilience: Implications for interventions and social policy", *Development and Psychopathology*.

Luthar, S.; Cicchetti, D.; Becker, B. (2000): "The Construct of resilience: A critical evaluation and guidelines for future work", *Child Development*, 71 (3), p. 543-558.

Luthar, S.; Cushing, G. (1999): "Measurement issues in the empirical study of resilience: An overview", en Glantz, M.; Johnson, J. (eds), *Resilience and Development: Positive Life Adaptations*, New York, Plenum Publishers, p. 129-160.

Masten, A. (1994): "Resilience in individual development: Successful adaptation despite risk and adversity", en Wang, M.; Gordon, E. (eds.), *Educational Resilience in Innel-City America: Challenges and Prospects*, New Jersey, Lawrence Erlbaum, p. 3-27.

_____ . (1999): "Resilience comes of age: Reflections on the past and outlooks for the next generation of researchers", en Glantz, M.; Johnson, J. (eds.), *Resilience and development: positive life adaptations*, New York, Plenum Publishers, p. 281-296.

_____ . (2001): "Ordinary magic: Resilience processes in develop- ment", *American Psychologist*, março de 2001, p. 227-238.

Rigsby, L. (1994): "The americanization of resilience: Deconstructing research practice", en Wang, M.; Gordon, E. (eds.), *Educational resilience in Inner-City America: challenges and prospects*, New Jersey, Lawrence Erlbaum, p. 85-92.

Rutter, M. (1991): "Resilience: Some Conceptual Considerations", trabajo presentado en Initiatives Conference on Fostering Resilience, Washington D.C., dezembro de 1991.

Werner, E.; Smith, R. (1982): *Vulnerable but invincible: a longitudinal study of resilient children and youth*, New York, McGraw-Hill Book.

_____ . (1992): *Overcoming the odds: high risk children from birth to adulthood*, Cornell University Press.

Werner, E.; Johnson, J. (1999): "Can we apply resilience?", en Glantz, M. e Johnson, J. (eds), *Resilience and development: positive life adaptations*, New York, Plenum Publishers, p. 259-268.

2

A MISSÃO DO CIER: DESENVOLVIMENTO DO CONCEITO DE RESILIÊNCIA E SUA APLICAÇÃO EM PROJETOS SOCIAIS

Mabel Munist
Enrique Biedak
Laura W. de Quinteros
Ana Díaz
Susana Wegsman
María Alchourrón de Paladini

INTRODUÇÃO

Durante a reunião realizada no Novo México, convocada pela Universidade de Colorado e organizada por William Frankenberg, a resiliência foi o tema principal da discussão. A partir dessa reunião, o doutor Néstor Suárez Ojeda, assessor regional em Saúde Materno-Infantil da Organização Panamericana da Saúde (OPAS) e da Organização Mundial da Saúde (OMS), começou a trabalhar em estreita colaboração com a doutora Edith Grotberg e o Civitan Center da Universidade do Alabama, que estavam desenvolvendo a pesquisa internacional sobre resiliência. Posteriormente, Suárez Ojeda passou a integrar o Comitê Científico como pesquisador e participou das reuniões em Paris, Lisboa e Gratz (Áustria).

Até o final de 1995, a OPAS, com sede em Washington, organizou a primeira oficina sobre resiliência, coordenada pelo doutor Néstor Suárez Ojeda em que participaram Edith Grotberg, Steve Wollin e outros pesquisadores, consultores do Departamento de Promoção e Prevenção da Saúde. Essa oficina teve o mérito de colocar o conceito de resiliência na agenda da OPAS e da OMS. Posteriormente, a consultora regional em adolescência, doutora Matilde Maddaleno, incluiu no Programa Regional a produção do "Estado da Arte em Resiliência", realizado pela licenciada Maria Angélica Kotliarenco, e promoveu a redação do

Manual de Identificação e Promoção da Resiliência em Crianças e Adolescentes (Munist e outros, 1998), a cuja aplicação vamos nos referir neste capítulo.

Na Universidade Nacional de Lanús, Buenos Aires, Argentina, em março de 1997, foi criado o Centro Internacional de Informação e Estudo da Resiliência (CIER), subordinado ao Departamento de Saúde Comunitária e apoiado pela Fundação Bernard van Leer (Holanda). O Centro tem como objetivos a recepção, elaboração e difusão da informação produzida no tema, assim como o desenvolvimento conceitual e a promoção da aplicação dos princípios da resiliência em projetos e pesquisas com enfoques comunitário e social. Até hoje, realizaram-se oito oficinas e três seminários latino-americanos para a promoção do conceito de resiliência e foram publicados três livros.

OFICINAS DE INTRODUÇÃO AO CONCEITO DE RESILIÊNCIA

Durante a redação do *Manual de Identificação e Promoção da Resiliência em Crianças e Adolescentes*, e logo após a sua publicação, realizaram-se oito oficinas, em consonância com os princípios do Manual, centradas na promoção da resiliência em crianças e adolescentes – cinco na Argentina, uma em Santiago do Chile, na Universidade dos Andes, outra em Antofagasta e uma em resiliência comunitária, em Montevidéu. Nessas oficinas de dois dias de duração, participaram mais de 200 pessoas, de mães voluntárias a universitários e profissionais.

Os objetivos das oficinas foram similares e centraram-se em três áreas:

a) Uma destinava-se ao desenvolvimento conceitual e à tarefa de caracterizar a noção de resiliência, segundo diferentes autores, a estabelecer a complementaridade entre o enfoque de resiliência e o risco, e a diferenciar os fatores de risco dos fatores protetores.
b) A outra objetivava o aprendizado significativo dos participantes do conceito de resiliência – para isso possibilitou-se que reconhecessem em si mesmos os fatores protetores presentes em sua vida e sua capacidade de resiliência. Pretendia-se também que analisassem diferentes experiências de outras pessoas de atuação pública ou privada, que tivessem conduta resiliente e destacassem fatores protetores e de risco presentes em cada caso. Nas quatro últimas oficinas, incorporaram-se atividades, para facilitar a descrição das principais características que identificam as possibilidades de resiliência em crianças e adolescentes.
c) Finalmente, discutiam-se atividades que poderiam ser feitas com as crianças e adolescentes para gerar e fortalecer as características resilientes, reconhecia-se a influência das atitudes dos pais e professores no desenvolvimento da resiliência nas crianças e valorizavam-se as ações dos adultos,

enquanto geradoras de resiliência. Nessa etapa, partia-se de uma pergunta fundamental: estabelecer se era possível promover a resiliência em determinados grupos. Por outro lado, discutia-se se isso é possível também no exercício da prática profissional, individual ou coletiva.

Participantes

Muitos profissionais estiveram presentes nas oficinas. Na primeira, em Humahuaca (Jujuy, Argentina), no Projeto Yachay, participaram as pessoas que que trabalham na direção do projeto e as professoras da escola do Altiplano. Nas oficinas realizadas em coordenação com o Centro de Saúde Número 8 da Cidade de Buenos Aires, participaram os profissionais do centro e da paróquia e as professoras do jardim de infância que funciona ao lado do Centro de Saúde. Nas realizadas no Trapiche (San Luis), participaram mães da comunidade e estudantes da Universidade de San Luis. Na mesma província, realizou-se outra oficina, na localidade de Justo Daract, convocada pelo hospital local, com a presença de alguns profissionais do hospital e a maioria das professoras do jardim de infância próximo ao hospital. Na realizada na Universidade dos Andes, eram todos profissionais universitários, a maioria psicólogos e professores de escolas primárias. Finalmente, em Montevidéu, eram profissionais e funcionários do Ministério da Saúde.

Grupo docente

O grupo docente era integrado por profissionais membros do CIER, mas, para a coordenação dos trabalhos de grupo, contou-se com a participação de psicólogos e psicopedagogos, que participavam de projetos de pesquisa sobre resiliência.

Metodologia

Em todos os casos, usou-se a metodologia de oficina e implementou-se uma agenda similar. Começava-se com uma aula dialogada, em que se introduziam os aspectos teóricos sobre resiliência; seguia-se o trabalho de grupo, durante o qual os grupos – a partir da análise de suas próprias vivências ou daquelas de pessoas ausentes – escolhiam um caso para apresentar em plenário. Esses casos eram discutidos por todos. Finalmente, em outro trabalho de grupo, consideravam-se prováveis linhas de ação.

As oficinas realizaram-se nos lugares de trabalho dos participantes, para que se facilitasse o desenvolvimento de um clima de confiança e segurança.

Comentários

Denominou-se a oficina de "introdução ao conceito de resiliência". Nas primeiras, a maioria dos participantes desconhecia o termo "resiliência", de modo que a primeira parte consistia numa apresentação e discussão do conceito. Nesse ponto, os participantes expunham seus conhecimentos ou experiências prévias e, em geral, consideravam a resiliência como um conceito já dominado, mas para o qual não haviam dado essa denominação.

A apresentação era seguida pelos grupos de trabalho, em que os participantes resgatavam de sua vida uma experiência que consideravam resiliente ou se referiam a alguém que reconheciam como resiliente. Esse foi um momento crucial em todas as oficinas. Houve grupos que analisaram suas próprias experiências e tenderam a ver a si mesmos como pessoas resilientes. Outros fizeram referências a pessoas que conheciam, desconhecidas para o resto do grupo. E alguns analisaram figuras históricas e determinaram se haviam sido resilientes. Um grupo, que fazia parte de uma equipe, preferiu analisar a experiência que havia tido como equipe. As pessoas tinham vivido uma forte crise institucional, já que trabalhavam em um lugar miserável, onde a violência era muito grande. Membros da equipe pediram transferência, mas um grupo seguiu trabalhando, reafirmando seu compromisso com a comunidade.

Na oficina de Montevidéu, onde o tema era a resiliência comunitária, em seu segundo momento trabalhou-se em quatro grupos. Em três deles, os participantes analisaram uma mesma experiência recente: a marcha de protesto que reuniu mais de um milhão de pessoas (um terço da população uruguaia), durante o governo militar, e que marcou a volta do Uruguai à democracia.

A análise dessa experiência, cercada de alto conteúdo emocional, destacou os fatores resilientes da comunidade uruguaia: identidade cultural, solidariedade, honestidade e presença de um líder político.

Foi surpreendente ver, sobretudo quando os participantes analisavam suas próprias vidas, quanto estresse suportavam e como um grupo importante de participantes saíra fortalecido das experiências negativas. As adversidades sofridas incluíam desde uma mãe adolescente e sozinha, que começara seus estudos universitários depois da maternidade, passando por precoces órfãos de mãe e famílias com grandes períodos de desemprego, até pais violentos. Na realidade, essa análise sobre a capacidade de as pessoas darem respostas resilientes não resistiria a um exame profundo, mas naquele momento, e na interação do grupo, servia como exercício. Além disso, era a hora em que a resiliência começava a se tornar um conhecimento significativo. Vários participantes manifestavam que já trabalhavam com o conceito de resiliência, mas que não lhe haviam dado esse nome. Diziam que era "vinho velho em pipa nova". Essa referência tem algo de verdade, mas os grupos mostraram menor experiência, justamente na promoção da resiliência. Com um grupo de professoras de jardim de infância, entre as quais todas as estratégias eram conhecidas e relativamente desenvolvidas em aula, a análise do modo como se aplicavam mostrou que o novo era a atitude na aplicação das estratégias para desenvolver, por exemplo, a auto-estima. Como defendem Kathryn e David Geldard (1997), suas referências estavam mais dirigidas à valorização do conhecimento que a criança tinha de si mesma, do que ao desenvolvimento de sua auto-estima.

Outro erro freqüente era supervalorizar as circunstâncias de suas próprias vidas, considerando-se expostas a situações de risco que não eram reais e classificando suas respostas como resilientes. Essa valorização, muitas vezes, estava mais próxima do conceito de robustez (*hardiness*)[1] do que do de resiliência. Na oficina, porém, era mais importante o processo que se desenvolvia do que a certeza de que as experiências eram realmente resilientes.

Na análise de experiências resilientes, sobretudo havia referência a personagens públicos, aparecia o valor ético como um componente importante para qualificar a vida. Figuras populares não resistiram a uma análise em que se incluía essa variável.

Um problema, surgido algumas vezes, foi o de alguns participantes que compartilhavam com os outros experiências pessoais que ainda não tinham podido resolver e o grupo não era indicado para ajudá-los. Isso aconteceu em grupos coordenados por profissionais com pouca experiência, que não puderam orientá-los, segundo as propostas do trabalho, já que se tratava de um grupo de discussão e não de terapia.

O terceiro momento, durante as oficinas, começava quando era necessário avaliar possíveis intervenções. Como essas oficinas representavam a primeira oportunidade de interiorizar-se com o conceito de resiliência, esse momento não era tão produtivo. A partir dessas oito oficinas, contudo, estão em andamento três projetos de promoção da resiliência em populações carentes e há um em elaboração, no Uruguai.

Salvo na experiência com adolescentes em San Luis, na qual o próprio grupo construiu o conceito de resiliência pela incorporação de condutas resilientes em suas próprias vidas (ver Capítulo 8), os outros projetos estão dirigidos ao trabalho com crianças, em que se trata de introduzir nas práticas de educação, na atividade escolar ou nos refeitórios populares atividades para promover a resiliência.

Nas últimas oficinas, introduziu-se uma atividade lúdica entre o segundo e o terceiro momento. Seguindo as sugestões do Manual (Munist e outros, 1998), criou-se um jogo de cartas em que se assinalaram diferentes características da criança e os participantes deviam identificá-las dentro do grupo etário correspondente. Como todo jogo, criava um clima de humor e competição sadia. Esse momento também contribuía para a introjeção do conceito.

---

[1] A robustez foi definida como uma combinação de traços pessoais com caráter adaptativo, que inclui o sentido do compromisso, do desafio e da oportunidade e que se manifesta em situações difíceis (Kotliarenco e outros, 1997).

Avaliação

Ao final de cada encontro, os participantes preenchiam um questionário para avaliar aspectos da oficina. A maioria das respostas referentes à organização e ao cumprimento dos objetivos manifestava alto grau de satisfação. Nas perguntas abertas e nos comentários orais, houve mais explicitação. Consideraram a experiência muito positiva, amena, criativa, enriquecedora e julgaram que lhes haviam permitido redescobrir características de seu trabalho e revisar aspectos de sua orientação.

Projetos

Os projetos em andamento destinam-se a fortalecer o desenvolvimento e a resiliência em crianças em idade pré-escolar (Munist, 1998; Kotliarenco e outros, 2000). O propósito é implementar formas de ação que promovam a resiliência tanto no plano individual quanto no coletivo, mediante o reforço dos fatores protetores no desenvolvimento infantil, estimulando comportamentos resilientes nas crianças, nas suas famílias e nas comunidades.

Trata-se de criar uma instância de estimulação recreativa e educativa, baseada na brincadeira e com ênfase nas tarefas de desenvolvimento, próprias da idade, nas quais se promova, em cada criança, o desenvolvimento de sua capacidade lúdica e criativa e o sentido do humor, a expressão espontânea de sentimentos e emoções, o fortalecimento de sua auto-estima e autonomia, a aprendizagem através de brincadeiras de sua própria cultura, a aquisição de habilidades corporais, lingüísticas e sociodramáticas, o trabalho em grupo, a confiança nos outros, o respeito pelo outro, o reconhecimento de seus direitos e as estratégias para sua implementação.

SEMINÁRIOS INTERNACIONAIS

O Primeiro Seminário Internacional "O Conceito de Resiliência nas Intervenções Sociais", realizado em junho de 1997, organizado pelo Centro Internacional de Informação e Estudo da Resiliência (CIER), juntamente com a OEA, o UNICEF, o Departamento de Saúde Pública da Faculdade de Medicina da Universidade de Buenos Aires e o Serviço Universitário Mundial (SUM), teve a participação do doutor Stefan Vanistendael, secretário geral adjunto do Bureau International Catholique de l'Enfance (BICE); de María Angélica Kotliarenco, do Centro de Estudo de Atenção à Criança e à Mulher (CEANIM, Santiago do Chile) e do pessoal de sua equipe; da licenciada Sabine Romero, do Hogar de Cristo de Santiago do Chile, e do diretor do CIER. Os temas abordados foram "Conceitos básicos de resiliência", "O estado da arte em resiliência", "Avaliação de programas para o fortalecimento da resiliência" e "Resiliência, infância e pobreza".

Esse seminário, além de ser o primeiro sobre o tema realizado na Argentina, permitiu não apenas a discussão, mas também a revisão coletiva de conceitos novos, que passaram a ser *hallmark* no desenvolvimento do conceito de resiliência como "A Casinha" de Vanistendael.[2] Participaram aproximadamente 80 profissionais.

O Segundo Seminário Internacional, "Aplicação do Conceito de Resiliência em Projetos Sociais", durou dois dias e teve a participação da doutora Edith Grotberg; de Lee Burchinal, do Civitan Center; do licenciado Jorge Laffitte da Fundação Bernard van Leer; dos doutores Daniel Rodríguez, Luis Campalanz e Nestor Suárez Ojeda. Como resultado do seminário, publicou-se o fascículo *Conceitos de resiliência em projetos sociais*, primeira publicação do CIER em que são abordados os temas: "A resiliência em ação", "Perfil da criança resiliente", "Humor e resiliência", "Humor, saúde mental e resiliência", "Fontes de informação atualizada em resiliência" e "O projeto PRANI-PREA". Essa publicação, pioneira na Argentina, oferece trabalhos de grande qualidade. Participaram desse seminário, aproximadamente, 80 pessoas e, tanto sua organização, como a publicação foram promovidas pelo CIER (UNLa), com o apoio da Fundação Bernard van Leer.

A partir dessas experiências, mudou o mecanismo de trabalho: primeiro, o CIER publicava um livro e depois se fazia um seminário, onde ele era apresentado. O Terceiro Seminário-Oficina Internacional "Resiliência e violência" (realizado em 28 de março de 1999), em que participaram a doutora Maria Angélica Kotliarenco, as licenciadas Mirta Videla e Susana Wesgman e os doutores Suárez Ojeda e Enrique Biedak, teve como ponto de partida o livro *Resiliencia y violencia política en niños*, escrito pela doutora Giselle Silva (1999), professora da PUC do Peru. Ela aborda o problema da violência política nas crianças, analisando informações obtidas em diversos bairros de periferia. Pre-

---

[2] "A Casita", elaborada por Vanistendael (2000), representa, de forma esquemática, os elementos com que se pode construir a resiliência. O chão é representado pelas necessidades básicas (saúde, alimentação, descanso, recreação). O cimento são as redes de contato em que vive e se desenvolve o ser humano: família, amigos, vizinhos, colegas de escola e de trabalho. No coração da casa, aparece a aceitação incondicional da pessoa, independentemente de seu comportamento, por parte de alguém próximo. Na planta baixa, a capacidade de descobrir um sentido, uma coerência na vida. Descobrir um sentido para a vida é possível graças a certa "filosofia" que consiste em valorizá-la plenamente ou através de uma experiência religiosa. No primeiro piso há três peças: uma com auto-estima, outra com as habilidades e talentos e a terceira, com o humor. No desvão, outras experiências por viver, que podem ser pessoais, como um passado positivo, uma bela paisagem. No desvão, assim como em volta da casa, cada grupo pode descobrir novos elementos que fortaleçam a resiliência.

dominam, no entanto, as experiências realizadas no Peru, durante 1996 e 1997, com crianças andinas, que foram parar em Lima por causa da violência política. Participaram do seminário aproximadamente 50 profissionais.

Finalmente, no seminário realizado no Estado argentino de San Luis, no qual se apresentou a última publicação *Actualizaciones en resiliencia* (Kotliarenco et al., 2000), analisaram-se distintos aspectos vinculados ao desenvolvimento infantil e ao desenvolvimento psicológico, programas de intervenções baseados em resiliência e o desenvolvimento que teve na América Latina a aplicação deste conceito.

Comentários

As oficinas foram, sem dúvida, um bom instrumento para difundir o conceito de resiliência e para inspirar intervenções no trabalho com as crianças para fomentar condutas resilientes.

Talvez o imponderável, porém presente nessas oficinas e em outras atividades de desenvolvimento do conceito de resiliência, seja o que narra John Berger (1996): ao refletir sobre a promoção de resiliência, se introduz a esperança, "já que se passa a dar valor ao que até então era varrido para baixo do tapete".

REFERÊNCIAS

Berger, J. (1996): *Las tres vidas de Lucie Cabrol*, Buenos Aires, Teatro Municipal San Martin, The British Council Argentina.

CIER: *Concepto de resiliencia en proyectos sociales*, Coleccion Salud Comunitaria, Serie Resiliencia, Universidad Nacional de Lanús, Fundación B. Van Leer, 1997

Geldard, K.; Geldard, D. (1997): *Consejería en niños: una introducción práctica*, Londres, Sage.

Kotliarenco, M. A. et al. (1997): *Estado del arte en resiliencia*, Washington D.C., OPS/OMS, Fundación W. K. Kellogg, CEANIM.

Kotliarenco, M. A.; Mardones, F.; Melillo, A.; Suárez Ojeda, E. N. (2000): *Actualizaciones en resiliencia*, Coleccion Salud Comunitaria, Serie Resiliencia, Universidad Nacional de Lanús, Fundación B. Van Leer.

Munist, M.; Santos, H.; Kotliarenco, M. A.; Suárez Ojeda, E. N., Infante, F.; Grotberg, E. (1998): *Manual de identificacion y promocion de la resiliencia en niños y jóvenes*, Washington D.C., OPS/OMS, Fundación W. K. Kellogg, ASDI.

Silva, Giselle (1999): *Resiliencia y violencia politica en niños*, Colección Salud Comunitaria, Serie Resiliencia, Universidad Nacional de Lanús, Fundación B. van Leer.

Vanistendael, S.; Lecomte, J. (2000): *Le bonheur est toujours possible. Construire la résilience*, Paris, Bayard Editions.

3

UMA CONCEPÇÃO LATINO-AMERICANA: A RESILIÊNCIA COMUNITÁRIA

Elbio Néstor Suárez Ojeda

INTRODUÇÃO

O conceito de resiliência e sua aplicação estenderam-se a praticamente todo o mundo. Sua maior utilidade foi registrada nos países em desenvolvimento e especialmente nas zonas mais miseráveis. Com freqüência, argumenta-se que sua origem é exclusivamente o Hemisfério Norte e, às vezes, é considerado mais um instrumento da dominação do norte sobre o sul e da manutenção silenciosa da desigualdade.

No caso da América Latina, foi possível identificar numerosos projetos aplicáveis, alguns cuidadosamente avaliados. Grupos de pensadores chegaram a elaborar uma teoria latino-americana da resiliência, com enfoques mais adequados a essa realidade social e aportes substantivos nos campos nosológico e pragmático do tema. Outro fato significativo é que numerosas instituições (organizações não-governamentais, universidades, ministérios e governos) incorporaram os princípios de resiliência, tácita ou explicitamente. Hoje, grande número de cursos e mestrados para pessoal de saúde e educação inclui o tema da resiliência entre seus conteúdos.

Particularmente, o enfoque coletivo ou comunitário da resiliência foi uma contribuição latino-americana e assim reconhecem autores europeus de grande prestígio (Boris Cyrulnik, Stefan Vanistendael). Neste capítulo, exporemos uma breve resenha dos projetos identificados na América Latina até março de 2001 e desenvolveremos, com certa amplitude, os conceitos elaborados sobre resiliência comunitária.

PROJETOS IDENTIFICADOS NA AMÉRICA LATINA

Atualmente, estão identificados 44 projetos em que se incluem estratégias e intervenções baseadas na resiliência. Em termos numéricos, os países que mais aplicam esses princípios são Brasil (12), Peru (10), Argentina (6) e Chile (5). Esses projetos variam quanto à magnitude das populações que cobrem, os grupos etários nos quais centram as intervenções, o tipo de agente que as aplica e o enfoque global com que são empreendidos. Em sete dos projetos, menciona-se como objetivo os grupos ou a comunidade, mas em 22 deles, junto ao objetivo principal, centrado em indivíduos (crianças, adolescentes, etc.), incluem-se ações de promoção de resiliência na comunidade.

As estratégias de intervenção comunitária variam em função das diferentes realidades sociais e étnicas. Assim, os projetos no Peru aportam valiosas experiências e observações quanto à identidade cultural e seu fortalecimento. Os do Chile têm resultados interessantes sobre o tipo de pessoal que convém reunir nessas intervenções e sobre a relação custo-benefício das diferentes combinações de recursos. Argentina e Brasil enriqueceram o arsenal de recursos para a transmissão nosológica, acumulando experiências e materiais para a capacitação de pessoal e para a inclusão dos grupos familiares em funções de promoção de atitudes resilientes, em termos individual e comunitário.

Essa variada experiência, em parte sintetizada pelos Centros Internacionais de São Paulo e Lanus (Argentina), permitiu desenvolver conhecimentos e enfoques próprios dessa região, especialmente no que se refere à resiliência comunitária.

Outro ponto a esclarecer é o da dependência externa na concepção e no desenvolvimento dessas experiências. É certo que, às vezes, começam com o aporte de moeda/semente, procedente de fundações ou instituições do Hemisfério Norte, mas o peso da execução recai no pessoal e nas organizações locais, que aportam mais de 80% dos recursos destinados a essas intervenções. A isso deve-se somar a força adquirida pelos pesquisadores e pensadores da própria região. Hoje, podemos considerar a resiliência como ferramenta, de genuíno cunho latino-americano, que pode ser utilizada sem temor na luta contra a pobreza e a desigualdade.

RESILIÊNCIA COMUNITÁRIA

O subcontinente integrado por América Latina e Caribe tem quase 500 milhões de habitantes e constituem uma área geográfica e populacional caracterizada essencialmente pela disparidade e desigualdade. Enormes montanhas, algumas das mais altas do mundo, contrastam com imensos desertos. O rio mais caudaloso do planeta fica a pouca distância de áreas onde a água é insuficiente para a vida humana básica. No plano socioeconômico, é uma espécie de subcontinente da desigualdade. Mesmo a África, com sua pobreza aguda, conserva estruturas tribais que implicam melhor distribuição dos escassos bens. Na América Latina, somos parte da periferia de um capitalismo selvagem, que concentra, sem pudor, a riqueza em poucos e multiplica a extensão da pobreza.

Tanto por sua geografia como por suas condições sociais, é um continente propenso a sofrer grandes catástrofes naturais e sociais: terremotos, inundações, ciclones, guerras civis, guerrilhas, repressões insensatas, etc. Podemos dizer, sem exagerar, que cada comunidade latino-americana enfrentou desastres e catástrofes que desafiaram sua resiliência, em sentido coletivo. Além disso, desde as culturas maia e inca, há uma grande tradição de solidariedade social, para responder com esforço coletivo a essas situações de emergência.

Por isso, não é de estranhar que a contribuição latino-americana ao conceito de resiliência seja maior quanto ao enfoque coletivo e que esteja enraizada na epidemiologia social muito mais do que nos enfoques clássicos que explicam o processo saúde-doença, baseando-se na observação de casos individuais.

A epidemiologia social analisa o "campo da saúde" e o processo saúde-doença como situações coletivas e encontra suas causas nas características da estrutura da sociedade e nos atributos do processo social. Os desastres que afetam grandes núcleos de população trazem a oportunidade de analisar fenômenos coletivos em si mesmos e nos permitem repensar o objeto de estudo: dos atributos dos indivíduos às condições coletivas de grupos humanos ou sociedades para enfrentar as adversidades e procurar, em conjunto, a obtenção de seu bem-estar. No continente, em sua freqüente e variada sucessão de catástrofes, vimos formas distintas de reação. Como explicar que, diante de um mesmo fenômeno – o terremoto, algumas sociedades comecem a reconstrução no dia seguinte e outras levem anos? Pensamos que as chaves explicativas não estão nas características individuais, mas nas condições sociais, nas relações coletivas e em aspectos culturais e valorativos de cada sociedade.

A partir desse enfoque, a resiliência comunitária desloca a base epistemológica do conceito inicial, modificando não apenas o objeto de estudo, como também a postura do observador e os critérios de observação e avaliação do fenômeno.

Desde 1995, quando apresentamos pela primeira vez alguns elementos teóricos de resiliência comunitária, analisamos, utilizando ferramentas da epistemologia social, numerosos eventos que afetaram grupos humanos em diferentes latitudes do continente. De maneira similar ao modelo de Wolin para a resiliência individual, propusemos um paradigma para o coletivo e comunitário. Cada desastre ou catástrofe que uma comunidade sofre representa um dano em termos de perdas de recursos e vidas. E ninguém nega como isso pode ser doloroso. Mas isso pode ser interpretado também no sentido de *merveilleux malheur* de que nos fala Boris Cyrulnik. Essa desgraça pode significar o desafio para mobilizar as capacidades solidárias da população e para empreender processos de renovação, que modernizem não apenas a estrutura física, mas toda a trama social na comunidade. No tipo de desastre natural, mais freqüente na América Latina, os terremotos e sismos de considerável intensidade, vimos comunidades que prontamente se organizam e reconstroem a cidade, melhorando sua planta urbanística e distribuindo melhor os serviços e funções, o que logo tem repercussão favorável na saúde dos habitantes e no sentido de pertencimento dos cidadãos ao lugar. É evidente que essas comunidades contaram com uma espécie de escudo protetor, surgido de suas próprias condições e valores, o que lhes permitiu "metabolizar" o evento negativo e construir a partir dele.

Dessa maneira, podemos avançar para a identificação de pilares da resiliência comunitária, de modo similar ao proposto por Wolin no plano individual. No caso do coletivo, também é muito rica a experiência acumulada sobre os fatores negativos ou debilitantes, muito claramente identificáveis em alguns processos políticos sofridos por esses povos.

Quanto aos pilares, cabe mencionar especialmente alguns que consideramos em nosso modelo heurístico inicial. A observação do sucedido em diferentes comunidades permitiu hierarquizar algumas condições que aparecem com mais freqüência nas sociedades, que se sobrepõem com mais rapidez e sucesso. Esses pilares fundamentais são:

- Auto-estima coletiva
- Identidade cultural
- Humor social
- Honestidade estatal

Por *auto-estima coletiva*, entendemos essa atitude e sentimento de orgulho pelo lugar em que se vive. A consciência das belezas naturais ou das criadas pelo ser humano, a comunicação com os valores que essa sociedade respeita, o aproveitamento das condições do clima, atividades recreativas e culturais. Isso se percebe na maneira como a pessoa diz, por exemplo, "sou paulista", o que denota a satisfação por assumir essa condição. Essa satisfação implica reconhecer que cada um é parte de uma sociedade e que compartilha os valores que a inspiram. Não é estranho, portanto, que as cidades ou localidades em que se observa uma elevada auto-estima coletiva tenham maior capacidade de recuperação nas adversidades.

Por *identidade cultural*, reconhecemos essa persistência do ser social em sua unidade e "identidade" nas mudanças e circunstâncias diversas. É um processo interativo que se obtém durante o desenvolvimento e implica a incorporação de costumes, valores, expressões idiomáticas, danças, canções, etc., que se transformam em componentes inerentes ao grupo. Isso outorga ao grupo humano ou social um sentido de "identidade" e de permanência que lhe permite enfrentar e elaborar as influências de culturas invasoras. Neste século de globalização irrestrita, a persistência de sociedades capazes de preservar sua identidade cultural representa uma esperança para a humanidade.

Panez e Silva afirmam que esse reconhecimento do que é próprio de nossa cultura determina uma forma de avaliação coletiva que potencializa o uso de recursos de diversos tipos para enfrentar e vencer a adversidade. Logo, as populações que respeitam e exaltam suas culturas tradicionais são as que mostram maior capacidade de se recompor e renascer após numerosas adversidades. É o caso do México, que, talvez pela vizinhança com a cultura mais invasiva do mundo, fez de suas tradições indígenas a coluna vertebral de sua educação.

A defesa da identidade cultural não deve nos impedir de ver o inegável fenômeno da multiculturalidade. Os meios de comunicação de todo o tipo penetram em nossas comunidades com influências muito alheias às de nossos ancestrais e, mesmo assim, são assimiladas pelas populações, nem sempre com prejuízo. Durante uma visita de avaliação de projetos, numa comunidade mapuche do sul do Chile, as crianças usavam trajes com inscrições como "New York Giants" e "Washington Redskins", etc. Comentamos sobre isso e nos responderam que essas roupas eram baratas e fáceis de achar. Já o método artesanal de fazer um pulôver podia levar meses, deixando as crianças desabrigadas no rigoroso inverno. Isso me fez pensar sobre a necessidade de praticar um ecletismo racional em toda a defesa do autóctone. Mas também pude ver que, quanto mais garantida está a identidade cultural de um povo, maior é sua capacidade de enfrentar o multiculturalismo, sem perder sua identidade pessoal.

O humor em geral é outra das variáveis da resiliência que mereceu maior estudo e reflexão, especialmente quanto ao desenvolvimento individual. Ao passar para uma perspectiva coletiva, consideramos os aportes de Daniel Rodríguez, Stefan Vanistendael, Frode Soebstad e Giselle Silva, assim como as definições propostas no "First Regional Training" da Fundação Bernard van Leer. Entendemos por *humor social* essa capacidade de alguns grupos ou coletividades de "encontrar a comédia na própria tragédia". É a capacidade de expressar em palavras, gestos ou atitudes corporais os elementos cômicos, incongruentes ou hilariantes de uma situação, obtendo um efeito tranqüilizador e prazeroso. Há grupos humanos com peculiaridades em sua vivência particular do humor, por isso se fala em "humor judeu", "humor escocês", etc. É muito rica a literatura sobre o modo como esse sentido especial do humor ajudou a enfrentar os horrores dos campos de concentração (Viktor Frankl). Vanistendael, entre outros, destaca como a piada política ajuda populações inteiras a sobreviver aos horrores de uma ditadura. A transmissão oral que ridiculariza e evidencia as incoerências e a torpeza dos ditadores é, seguidamente, o *ultimum moriens* da liberdade e também o começo da libertação. Nesse sentido, o humor é uma estratégia de ajuste que ajuda a aceitação madura da desgraça comum e facilita certo distanciamento do problema, favorecendo a tomada de decisões para resolvê-lo. Ao destacar os elementos incoerentes e hilariantes da situação, promove um tipo de pensamento divergente, que implica maior capacidade para encontrar respostas originais, soluções inovadoras, mesmo em meio à crise.

Sem pretender fazer uma classificação dos diferentes tipos de humor, tarefa realizada por vários autores citados, vale a pena nos referirmos a algumas formas que têm maior relação com a resiliência, especialmente em suas expressões coletivas. Muito associado aos efeitos resilientes, encontramos esse tipo de humor intelectual, baseado no jogo de palavras e seu significado, possível graças à distância entre as palavras e as coisas (Rodríguez, 1997). Segundo o escritor argentino Jorge Luis Borges, esse humor é sempre uma metáfora, a instituição que estabelece o nexo entre dois impossíveis. Para ele, o humor é uma infração, mas de alguma maneira nos oferece um reordenamento do caos e, talvez, a forma de nos salvarmos dele. As palavras do mestre da literatura poupam-nos de escrever frases desnecessárias sobre a relação entre humor e resiliência.

Outro tipo de humor, identificado e analisado por alguns autores, é o baseado na ruptura do narcisismo da figura humana. O humor dos tombos e quedas, que, habitualmente, é difícil de relacionar com os atributos da resiliência, salvo quando quem lida com isso é um grande artista como Charlie Chaplin. O grande ator utiliza-o para debilitar o prestígio do pomposo e do solene. Chaplin ensina que, graças a esse humor, as vicissitudes da existência se tornam mais fáceis: ele desenvolve nosso sentido das proporções e nos revela que o absurdo vagueia em torno de uma exagerada gravidade.

Finalmente, é reconhecido um tipo de humor que tende a desmoronar as convenções aceitas cotidianamente. É chamado de humor iconoclasta, capaz de duvidar dos mitos que sustentam um falso orgulho nacional. Se um país ou grupo humano alcança uma alta auto-estima coletiva, não se sente inseguro quando o cômico debocha dos símbolos, dos governantes ou dos mitos. Também aqui, Borges, que tanto fez pela literatura de bairro e do tango, se permite algumas elegantes ironias. Ele disse: "O tango: essa dança de bordel inventada em 1880 e que nada tem a ver com a história argentina; ninguém queria o tango, até que viram que ele fazia sucesso em Paris".

Seria excessivo continuar a análise e desenvolvimento desse tema, tão atraente e ligado à essência da resiliência. Mas, para a finalidade desse capítulo, quero destacar sua vigência como pilar fundamental na resiliência comunitária, sua relação clara com a capacidade dos povos de se sobreporem às catástrofes (geográficas ou sociopolíticas) e à possibilidade de cultivá-lo e desenvolvê-lo, aplicando estratégias adequadas.

Um quarto componente, de especial transcendência na América Latina, abarca o que chamamos de *honestidade coletiva ou estatal*. Esse aspecto remete ao manejo decente e transparente da "coisa pública", mas vai além da limpeza administrativa da burocracia. Implica a existência de uma consciência geral, que condena a desonestidade dos funcionários e valoriza o honesto exercício da função pública. Os desvios administrativos são mais graves quando não afetam apenas a elite governante, mas quando também impregnam todos os extratos da sociedade. Quanto à capacidade de recuperação após um desastre, isso constitui em nosso meio um elemento fundamental. Ninguém está disposto a oferecer seu esforço solidário se não confia em quem administra os recursos necessários à reconstrução.

A lista de características sociais que favorecem a resiliência comunitária é extensa, mas aqui desenvolvemos os quatro pilares que, à luz das atuais observações, parecem ser os mais significativos.

Nem por isso excluímos algumas condições descritas na bibliografia, como a capacidade de gerar lideranças autênticas e participativas, o exercício de uma democracia efetiva na tomada de decisões cotidianas e a "inclusividade" de uma sociedade em que não haja discriminação.

Como antípodas desses pilares, foram detectadas condições, ou características, que reduzem a resiliência comunitária ou inibem a capacidade solidária de reação diante da adversidade coletiva. Entre outros "antipilares", cabe mencionar:

- Malinchismo
- Fatalismo
- Autoritarismo
- Corrupção

Caracterizamos como *malinchismo*, em alusão ao conhecido episódio da história do México, a admiração obcecada por tudo que é estrangeiro, especialmente o que vem da Europa ou dos Estados Unidos. Essa atitude opõe-se aos valores de identidade cultural e auto-estima coletiva. Freqüentemente, nossas comunidades tomam como "grupo de referência" a sociedade norte-americana, muitas vezes com uma imagem distorcida dessa sociedade. Renunciam, assim, ao grupo a que pertencem, gerando uma anulação de seus recursos potenciais, ecológicos e culturais e empobrecendo sua capacidade de resposta. É lamentável ver que, em nossos meios de comunicação de massa, predominam modelos loiros, mesmo em países onde admiramos a beleza e a harmonia da "morenidade" de seus habitantes. Já nos Estados Unidos, a TV tem o cuidado de manter o equilíbrio entre modelos anglo-saxões, latinos e afro-americanos.

Identificamos outro fator negativo no *fatalismo*, entendido como atitude passiva diante da desgraça. Infelizmente, algumas religiões exacerbam essa atitude não-resiliente implícita na expressão "é a vontade de Deus". Algumas seitas chegam a se opor a vacinações, porque as interpretam como uma postura soberba do ser humano em sua pretensão de interferir na vontade divina. Não quero invadir o terreno teológico, mas creio que uma posição razoável seria aceitar a ocorrência da desgraça, porém interpretá-la como uma oportunidade para demonstrar nossa capacidade de "renascer". Como destaca Loessel, a religiosidade, em geral, é um fator protetor, tanto individual como coletivamente, mas o exagero, o fanatismo a transforma em fator negativo ou de risco.

O *autoritarismo* e os sistemas totalitários de governo foram uma marca muito forte do século XX. Seu efeito negativo nas resiliências comunitária e individual foi documentado por Grotberg e outros autores. Prolongados períodos de ditaduras inibem a capacidade de lideranças alternativas e espontâneas, tão necessárias em situação de crise coletiva. O centralismo crônico nas decisões anula o poder de inovação e a geração de respostas novas perante situações pouco previsíveis. No começo do século XXI, quase toda a América Latina tem governos civis eleitos, mas ainda estamos longe do exercício cotidiano da tomada de decisões, com legítima participação social. Várias décadas de ditaduras deixaram profundos estigmas no cotidiano e ainda sobrevivem autoritarismos de diferentes graus, da pré-escola a locais de trabalho.

Merece um capítulo à parte como fator negativo o flagelo da *corrupção*. Como dissemos, nenhuma população está disposta a oferecer seu esforço ou doar recursos para a reconstrução depois de uma catástrofe, se não pode confiar na administração correta dos recursos. Na realidade latino-americana, a corrupção é o principal fator inibidor da resiliência comunitária. Por isso, dedicaremos alguns parágrafos ao tema.

Em termos gerais, entendemos que a corrupção de uma sociedade surge quando o interesse privado dos funcionários irrompe e prevalece em detrimento do interesse público. Mais grave ainda é que a corrupção impregne toda a comunidade, seja ou na forma de tolerância ou na prática cotidiana em pequena escala. O que vemos na América Latina nos mostra que vários países chegaram a um "estado de corrupção" em que essas práticas estão instaladas em todos os níveis da sociedade, no setor público e no privado. Às vezes, alguns desses países enfrentaram verdadeiras "cleptocracias", termo atualmente aplicável a certos governos da África.

Uma esperança na redução da corrupção reside na quase impossibilidade de ocultá-la, graças à tecnologia. Hoje, se conhece internacionalmente o grau de corrupção dos países e é possível estabelecer indicadores e escalas. Numa avaliação publicada por "Transparency International", nenhum país latino-americano está entre os 15 menos corruptos e vários estão entre os mais corruptos do mundo, sendo superados apenas por alguns países africanos.

Essa difusão da corrupção afeta não apenas a resiliência enquanto capacidade para responder a desastres e cataclismas. Prejudica, também, o capital social dos países e reduz suas possibilidades de desenvolvimento econômico, segundo os conceitos de Kliksberg e Putnam.

Veremos agora a "Escala de Corrupção" que apareceu no *Washington Post*, baseada em publicações de "Transparency International".

Assim como os componentes positivos, a lista de fatores negativos poderia ser ampliada sensivelmente, mas destacamos os que aparecem mais freqüentemente e que parecem ter maior transcendência como inibidores na resiliência coletiva ou comunitária.

Em resumo, cada comunidade possui determinado perfil de resiliência coletiva, em que se combinam pilares e "antipilares". Dessa combinação, surge uma resultante ou vetor, que nos permitiria fazer uma estimativa da resiliência desse grupo, tanto para elaborar um prognóstico como para criar intervenções com uma maior especificidade orientadas para o seu fortalecimento.

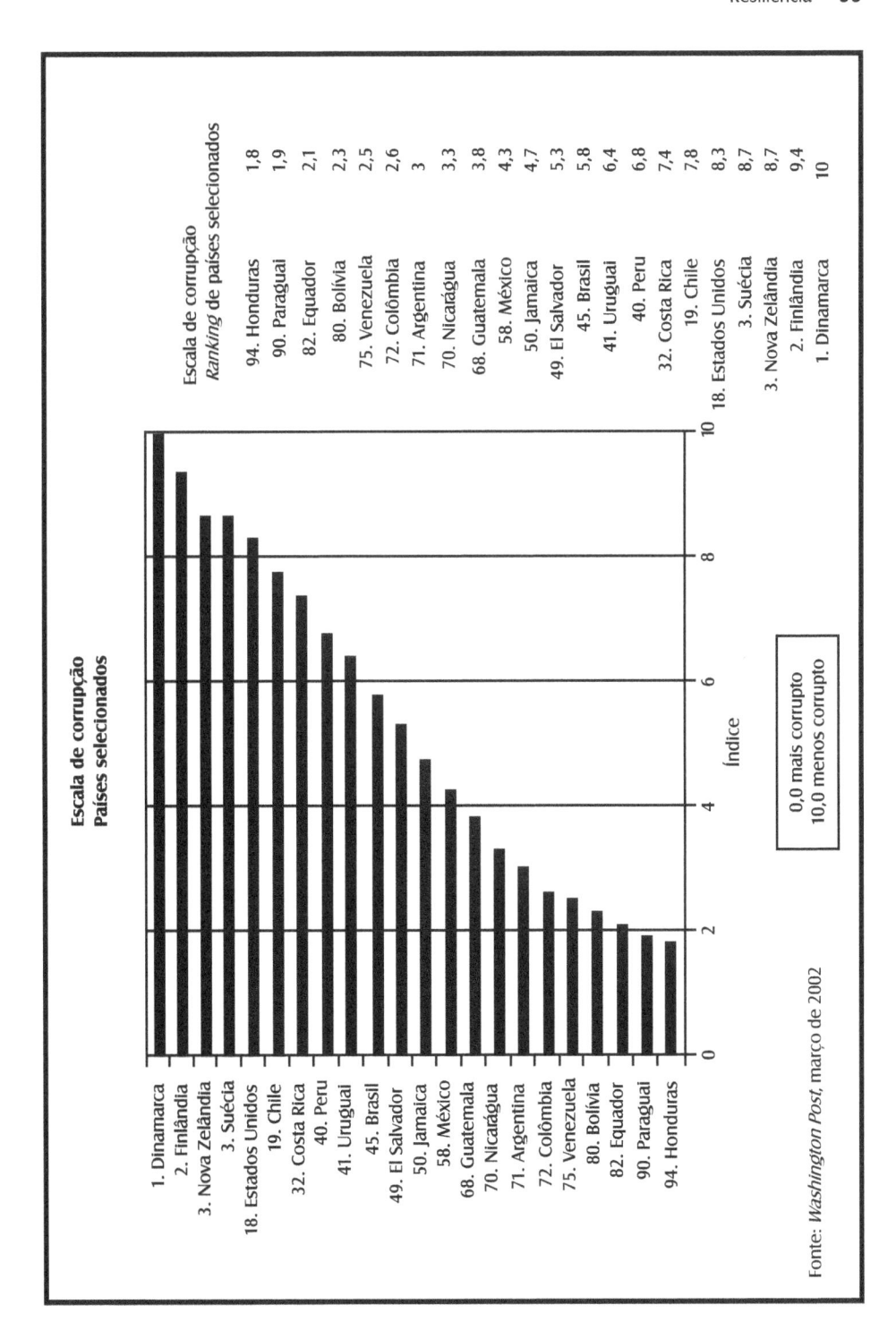

**Escala de corrupção
Países selecionados**

Ranking	País	Índice
94.	Honduras	1,8
90.	Paraguai	1,9
82.	Equador	2,1
80.	Bolívia	2,3
75.	Venezuela	2,5
72.	Colômbia	2,6
71.	Argentina	3
70.	Nicarágua	3,3
68.	Guatemala	3,8
58.	México	4,3
50.	Jamaica	4,7
49.	El Salvador	5,3
45.	Brasil	5,8
41.	Uruguai	6,4
40.	Peru	6,8
32.	Costa Rica	7,4
19.	Chile	7,8
18.	Estados Unidos	8,3
3.	Suécia	8,7
3.	Nova Zelândia	8,7
2.	Finlândia	9,4
1.	Dinamarca	10

0,0 mais corrupto
10,0 menos corrupto

Fonte: *Washington Post*, março de 2002

REFERÊNCIAS

Benard, B. (1991): *Fostering resiliemy in kids: protective factors in the family, school and community*, Portland, North West Research Centre.

Burt, M. (1998): *Por qui debemos invertir en el adolescente?*, Washington D.C., OPS, Fundación W. K. Kellogg.

Bronfenbrenner, U. (1979): *The ecology of human development: experiments by nature and design*, Cambridge (Ingl.), Harvard University Press.

Cyrulnik, B. (1999): *Un merveilleux malheur*, Paris, Odile Jacob. Cusminsky, M.; Lejarraga, H.; Mercer, R.; Martell, M. y Fescina, R. (1993): *Manual de crecimiento y desarrollo del niño*, Washington, D.C., OPS, Paltex n° 33.

Erikson, E. (1966): *Infancia y sociedad*, Buenos Aires, Paidós.

Freud, S. (1967): *Una teoria sexual*, en *Obras completas*, vol. 1, Madrid, Biblioteca Nueva.

Garmezy, N. (1991): "Resiliency and vulnerability to adverse developmental outcomes associated with poverty", *American Behavioural Scientist*, vol. 34, n° 4.

Grondona, M. (1993): *La corrupción*, Buenos Aires, Planeta.

Grotberg, E.; Suárez Ojeda, E. N. (1996): *Promoción de la resiliencia en los niños para fortalecer el espíritu humano*, Fundación Bernard van Leer.

Grotberg, E. et al. (1999): *Tapping your Inner Strengths*, California, New Harbinger Pub.

Grotberg, E. (1995): "A guide to promoting resilience in children: strengthening the human spirit", *Early Childhood Development: Practice and Reflections*, n° 8, La Haya, Bernard van Leer Foundation.

Haggerty, M.; Rutter, M.; Mrazek, P. (1999). *Stress, risk and resilience*, Boston, Harvard University Press.

Kagan, J. (1991): "*Presentation at the fostering resilience conference*", Washington, D.C., Institute for Mental Health Iniciatives.

Kliksberg, B. (1993): *Pobreza: un tema impostergable*, Mexico, Fondo de Cultura Económica.

———. (1995): *Pobreza, el drama cotidiano*, CLAD/ PNUD, Grupo Editorial Norma.

———. (2000): *Diez falacias sobre los problemas sociales de America Latina*, Washington, D.C., Manuscrito INDES/BID.

Kotliarenco M.A.; Dueñas, V. (1992): "*Vulnerabilidad versus resiliencia. Una propuesta de acción educativa*", *Derecho a la Infancia*, 3er. bimestre, Santiago de Chile.

Kotliarenco M.A.; Alvarez, C.; Caceres, I. (1995): "Una nueva mirada de la pobreza", en *En la persona menor de edad como prioridad en la agenda mundial: qué es lo necesario?*, Puntarenas, Foro Mundial.

Kotliarenco, M.A.; Álvarez, C.; Cáceres, I. (eds.) (1996): *Resiliencia: construyendo en adversidad*, Santiago de Chile, CEANIM.

Maddaleno, M.; Munist, M.; Serrano, C.; Silber, T.; Suárez Ojeda, E.N.; Yunes, J. (1995): *La salud del adolescente y el joven*, Publicación cientifica, n° 552, Washington D.C., OPS/OMS.

Melillo, A.; Estamatti, M.; Alicia, C. (2000): *Algunos fundamentos psicológicos del concepto de resiliencia*, Lanús, CIER Argentina.

Mrazek, P.; Mrazek, D. (1987): "Resiliency in child maltreatment victims: A conceptual exploration", en *Child Abuse and Neglect*, vol. 2.

Myers, R. (1993): *Hacia un porvenir seguro para la infancia*, Barcelona, Unesco.

OPS/OMS (1998): *La salud en las Americas*, Publicación Cientifica n° 569, Washington D.C.

Osborn, A. (1990): "Resilient children: A longitudinal study of high achieving socially disadvantaged children", *Early Child Development and Care*, vol. 62.

Panez, R.; Silva G.; Panez, M. (2000): *"Resiliencia en el Ande"*, Lima, Fundación B. van Leer.

Rodriguez, D. (1997): *"Humor y resiliencia"*, trabajo presentado en el Seminario Internacional sobre el Concepto de Resiliencia, Lanús.

Rutter, M. (1993): "Resilience: some conceptual considerations", *Journal of Adolescent Health*, vol. 14, no 8.

Suárez Ojeda, E.N.; Krauskopf, D. (1995): *El enfoque de riesgo y su aplicacion a las conductas del adolescente: una perspectiva psico-social,* Publicación científica n° 552, Washington D.C., OPS/OMS.

Suárez Ojeda, E.N. (1996): *"El concepto de resiliencia comunitaria desde la perspectiva de la promoción de la salud"*, en Kotliarenco (1996).

Torres, A. (2000): "Desde la psicologia de frontera, cuestionamientos al concepto de resiliencia", *Espacios y propuestas* n° 11, diciembre.

Valdes Correa, M. (1996): *Resiliencia en adolescentes*, Proyecto Fondecyt, Santiago de Chile.

Vanistendael, S. (1994). *La resiliencia: un concepto largo tiempo ignorado*, Suiza, Bice.

Wolin, S.; Wolin, S. (1993) *The resilient self : how survivors of troubled families rise above adversity*, Villard Books, Washington D.C.

4

ALGUNS FUNDAMENTOS PSICOLÓGICOS DO CONCEITO DE RESILIÊNCIA

Aldo Melillo
Mirta Estamatti
Alicia Cuestas

INTRODUÇÃO

As esperanças de que a sociedade moderna, em seu progresso incessante e por intermédio da organização do Estado de Bem-Estar, cumpra o que estabelece o conceito sociológico da *inclusão*, a incorporação da totalidade da população à prestação de serviços públicos (educação, saúde, etc.), com a garantia de condições mínimas de bem-estar para cada cidadão, deram lugar, nas últimas décadas, a uma crescente preocupação. Preocupação com as conseqüências indesejadas do desenvolvimento tecnológico e econômico acelerados, que seguem produzindo riqueza, ao mesmo tempo que geram grande quantidade de desempregados e subempregados, maior pobreza, delinqüência, etc. e, no lugar da desejada inclusão de todos, produzem uma crescente população que sofre sua *exclusão* dos bens sociais.

A transformação de um futuro de bem-estar assegurado, em um de incerteza, faz alguns acreditarem que vivemos na *sociedade do risco*. Esta, se inclui todos, faz suas primeiras vítimas entre os excluídos do sistema social pela precariedade de suas condições de existência.

Por outro lado, o desalinhamento das classes sociais ao passarmos do sistema de pleno emprego para o de subemprego, flexível e mutante, produz uma redefinição das desigualdades no sentido da individualização dos riscos sociais, que se convertem imediatamente em disposições psíquicas: insuficiência pessoal, sentimentos de culpa, medos, conflitos com a autoridade, vícios, neuroses, psicoses, etc.

Nesse contexto e, há muito tempo, a resposta científica esteve centrada em obter uma boa definição dos quadros patológicos que apareciam como conseqüência das deficiências sociais mencionadas, em precisar suas causas específicas e em entender o desenvolvimento de cada patologia, para tratá-la. Como resultado da pesquisa das causas, também se esperava poder formular hipóteses, em função do conhecimento dos fatores de risco, sobre o momento em que apareceriam as patologias, para abordá-las logo no começo. A psicopatologia destacava as condições adversas que provocavam os fatores de risco e suas conseqüências sobre o desenvolvimento de crianças e adolescentes. Os programas de corte psicossocial anteriores à década de 1990 eram marcados pela idéia de negatividade e carência que a adversidade impõe ao crescimento e ao desenvolvimento, que se tratava de compensar com esses programas. Contudo, independentemente dos modelos teóricos empregados, muitas vezes, as hipóteses não se concretizavam e a doença não aparecia.

O NOVO CONCEITO

Nessa direção, ante a evidência de que nem todas as pessoas submetidas a situações de risco têm doenças ou sofrimentos de diversos tipos, mas, ao contrário, superam a situação e saem fortalecidas dela, se começou a estudar esse fenômeno. Hoje, ele é chamado de *resiliência*[1] "e é entendido como a capacidade do ser humano de enfrentar as adversidades da vida, superá-las e ser transformado positivamente por elas" (Munist e outros, 1998). Nem sempre se pode associar carência à incompetência, já que o indivíduo pode fazer e ser, independentemente da situação adversa em que nasça e viva. A partir daí, tratou-se de procurar os fatores que consigam proteger os seres humanos dos efeitos negativos das adversidades, para estimulá-los, uma vez detectados.

Kotliarenco (1997) faz um exaustivo resumo dos conteúdos que diferentes autores dão ao conceito de resiliência:

- Habilidade para sair da adversidade, adaptar-se, recuperar-se e ter acesso a uma vida significativa e produtiva (ICCB, 1994, citado em Kotliarenco, 1997).
- História de adaptações exitosas no indivíduo exposto a fatores biológicos de risco ou a eventos de vida estressantes; além disso, implica a expectativa de continuar com baixa suscetibilidade a futuros fatores de estresse (Luthar e Zingler, 1991; Masten e Garmezy, 1985; Werner e Smith, 1994, citado em Kotliarenco, 1997).

---

[1] *Resilie*, em latim, significa "voltar a entrar saltando" ou "pular para cima". Curiosamente, também pode significar "se afastar, se desviar". Essa última expressão é interessante para não esquecer o horizonte de exclusão social que condiciona o tema (etimologia que traz o filósofo Carlos Cullen).

- Enfrentamento efetivo de eventos e circunstâncias da vida severamente estressantes e acumulativos (Losel, Blieneser e Koferl, 1989, em Kotliarenco, 1997).
- Capacidade humana universal de enfrentar as adversidades da vida, superá-las ou até ser transformado por elas. A resiliência é parte do processo evolutivo e deve ser promovida desde a infância (Grotberg, 1995, em Kotliarenco, 1997).
- A resiliência distingue dois componentes: a resistência diante da destruição – a capacidade de proteger a própria integridade sob pressão – e, além da resistência, a capacidade de construir um condutismo vital positivo, apesar das circunstâncias difíceis (Vanistendael, 1994). Segundo esse autor, o conceito inclui também a capacidade de uma pessoa ou sistema social enfrentar adequadamente as dificuldades, de forma socialmente aceitável.
- A resiliência caracteriza-se como um conjunto de processos sociais e intrapsíquicos que possibilita ter uma vida *sadia*, mesmo vivendo em um meio *insano*. Esses processos teriam lugar ao longo do tempo, numa combinação entre os atributos da criança e seu ambiente familiar, social e cultural. Desse modo, a resiliência não pode ser pensada como um atributo com o qual as crianças nascem, ou que adquirem durante o desenvolvimento, mas como um processo interativo entre elas e seu meio (Rutter, 1992, em Kotliarenco, 1997).
- A resiliência remete a uma combinação de fatores que permitem a uma criança, a um ser humano enfrentar e superar os problemas e as adversidades da vida (Suárez, 1995).
- Conceito genérico que se refere a ampla gama de fatores de risco e aos resultados de competência (*do well*). Pode ser produto de uma conjunção entre os fatores ambientais, o temperamento e um tipo de habilidade cognitiva que têm as crianças, quando são muito pequenas (Osborn, 1993, em Kotliarenco, 1997).
- Milgran e Palti (1993) definem as crianças resilientes como as que enfrentam bem (*cope well*) a adversidade, apesar dos estressores ambientais a que são submetidas nos anos mais formativos de sua vida.

Em síntese, as diferentes definições do conceito de resiliência enfatizam características do sujeito resiliente: *habilidade, adaptabilidade, baixa suscetibilidade, enfrentamento efetivo, capacidade, resistência à destruição, condutas vitais positivas, temperamento especial e habilidades cognitivas*, todas desenvolvidas durante situações vitais adversas, estressantes, etc., que lhe permitem atravessá-las e superá-las.

Também destacam-se dois elementos cruciais: *a resiliência se produz em função de processos sociais e intrapsíquicos. Não se nasce resiliente, nem se adquire a resiliência "naturalmente" no desenvolvimento: depende de certas qualidades do processo interativo do sujeito com outros seres humanos, responsável pela construção do sistema psíquico humano.*

ESTUDOS CONFIRMATÓRIOS DA RESILIÊNCIA

Um estudo pioneiro sobre o tema foi o realizado em 1945, por Grinker e Spiegel, a respeito dos sujeitos que sofreram grave estresse em situações de guerra e que evoluíram favoravelmente. Porém, mais recentemente, e sobretudo, na última década, se multiplicaram as observações sobre a repercussão de eventos traumáticos catastróficos e perdas significativas, que eram superadas: os seres humanos demonstravam possuir a capacidade potencial de sair feridos, mas fortalecidos de uma experiência aniquiladora.

Foi decisivo o estudo epidemiológico realizado por E. E. Werner (Kotliarenco, 1997), que observou ao longo de 40 anos, até a vida adulta, quase 700 crianças nascidas em meio à pobreza, na ilha de Kauai. Todas haviam passado penúrias, mas 30% sofreram ainda experiências de estresse e/ou foram criadas por famílias disfuncionais, devido a recorrentes brigas, divórcio com ausência do pai, alcoolismo ou doenças mentais. Apesar disso, muitas obtiveram um desenvolvimento sadio e positivo.

Observou-se, também, que todos os sujeitos que se tornaram resilientes tinham pelo menos uma pessoa (familiar ou não) que os aceitara de forma incondicional, independentemente de seu temperamento, aspecto físico ou inteligência. Necessitavam contar com alguém e, ao mesmo tempo, sentir que seus esforços, sua competência e autovalorização eram reconhecidos e fomentados. Werner sustenta que todos os estudos realizados no mundo sobre crianças vítimas de desgraças comprovaram que a influência mais positiva para elas era uma relação carinhosa e íntima com um adulto importante. Ou seja, *a existência ou não de resiliência nos sujeitos depende da interação da pessoa com seu entorno humano.*

OS PILARES DA RESILIÊNCIA

Os atributos que aparecem, com freqüência, nas crianças e adolescentes considerados resilientes foram designados como *pilares da resiliência* (Suárez Ojeda, 1997). Entre eles, cabe mencionar:

a) *Introspecção*: arte de se perguntar e se dar uma resposta honesta.
b) *Independência*: saber fixar limites entre si mesmo e o meio com problemas; capacidade de manter distância emocional e física, sem cair no isolamento.
c) *Capacidade de se relacionar*: habilidade para estabelecer laços e intimidade com outras pessoas, para equilibrar a própria necessidade de afeto com a atitude de se relacionar com os outros.
d) *Iniciativa*: gosto de se exigir e se por à prova em tarefas progressivamente mais exigentes.

e) *Humor*: encontrar o cômico na própria tragédia.
f) *Criatividade*: capacidade de criar ordem, beleza e finalidade, a partir do caos e da desordem.
g) *Moralidade*: conseqüência para estender o desejo pessoal de bem-estar a toda a humanidade e capacidade de se comprometer com valores; esse elemento já é importante desde a infância, mas sobretudo a partir dos 10 anos.
h) *Auto-estima consistente* (incluindo nós mesmos): base dos demais pilares e fruto do cuidado afetivo conseqüente da criança ou adolescente por parte de um adulto importante.

AS FONTES INTERATIVAS DA RESILIÊNCIA

De acordo com Edith Grotberg (1997) – ver a introdução deste livro – para enfrentarem as adversidades, superá-las e saírem delas fortalecidas ou até transformadas, as crianças tomam fatores de resiliência de quatro fontes: "eu tenho" (o apoio); "eu sou" e "eu estou" (o desenvolvimento da força intrapsíquica) e "eu posso" (a aquisição de habilidades interpessoais e de resolução de conflitos).

O que conduz ao conceito de resiliência é, então, maior compreensão e conhecimento *empírico* dos fatores que protegem o sujeito dos efeitos deletérios das más condições do ambiente humano e social que o rodeiam. E, também, que permitem a criação de métodos práticos de promoção de tais fatores, para assegurar um desenvolvimento favorável, que previna a aparição de doenças físicas ou mentais.

O APORTE DA PSICOLOGIA

Como já foi dito, a resiliência se caracteriza por derivar de uma relação significativa do sujeito com uma, duas ou mais figuras de seu entorno e não constitui um estado definitivo, ou seja, pode-se estar mais ou menos resiliente, de acordo com a situação que se vive e as condições do entorno, ainda que a presença de fatores protetores bem estabelecidos na infância e na adolescência possam facilitar um bom desenvolvimento, mesmo nas piores circunstâncias. Daí surgem algumas perguntas: o que nos pode aportar a psicologia para compreender melhor a índole dos fatores resilientes e o modo como se desenvolvem e se instalam no sujeito? Pode-se conhecer a dinâmica por trás dos elementos que, empiricamente, são apontados como resilientes, para poder melhorar sua reprodução nos sujeitos, enquanto se desenvolvem?

Considerando que o fim último desse campo de estudo é a aplicação prática desses conhecimentos para implementar programas de desenvolvimento sadio, o primeiro aspecto que vale a pena esclarecer é que "não estamos focados na psicopatologia, mas nos conceitos psicológicos que constituem os fundamentos de um desenvolvimento sadio do ser humano", claramente, a promoção da resiliência se associa à prevenção. Pesquisaremos os fundamentos psicológicos da resiliência para obter, com melhor conhecimento sobre eles, a construção de estratégias para sua promoção.

O ESTUDO DA MENTE

Nos últimos tempos, disciplinas relativamente recentes, como o cognitivismo e a neurociência, chegaram a um conceito da mente que, em mais de um sentido, é convergente com aquele que a psicanálise produziu há um século, em aspectos substanciais como são a relação com o corpo e com o mundo em que atua. Fala-se de uma mente essencialmente corporificada (*embodied*), que depois se encontra encaixada ou insertada (*embedded*) no entorno. *A criança inicia sua vida antes de nascer, no espaço psíquico da mãe, quando esta o aceita e lhe dá nome*; por isso, podemos dizer que a *proteção* e a *adversidade* são prévias ao nascimento, conforme tenha sido sua recepção pelos pais. E cresce no espaço psíquico da cultura a que pertence. Somos seres que vivemos no ato de conversar, nosso espaço de relações consiste em redes de conversações que constituem a cultura na qual nos desenvolvemos: como somos animais que vivemos na linguagem, o psíquico ou mental se manifesta no ato de conversar, que inclui palavras e emoções (Maturana e Varela, 1984).

Como defende Andy Clark (1999), de uma perspectiva cognitivista atual, os seres humanos construíram "entornos de criação" em que a razão humana é capaz de sobrepujar amplamente o âmbito computacional do cérebro biológico básico (o que torna ridículo buscar a explicação do gênio de homens, como Einstein, em alguma qualidade especial de seu cérebro e também obriga a pensar no entorno, para compreender as virtudes e os defeitos de cada sujeito). "Portanto" – disse Clark – "a mente avançada é, mais que nada, o reino do cérebro *andamiado*: o cérebro em seu contexto corporal, interagindo com um mundo complexo de estruturas físicas e sociais". As estruturas externas limitam, mas também potencializam as atividades de resolução de problemas do cérebro básico. Na maioria dos casos, estes mesmos andaimes são produto do pensamento e atividade de outros seres humanos.

> Portanto, a presente discussão apenas roça a superfície de um projeto enorme e difícil: compreender a maneira como nosso cérebro estrutura e habita um mundo povoado de culturas, países, línguas, organizações, instituições, partidos políticos, redes de correio eletrônico e toda a imensa parafernália de estruturas externas que orientam e dão conteúdo às nossas ações cotidianas. Se nossos êxitos

superam os de nossos antepassados, não é porque nossos cérebros sejam mais inteligentes do que os deles. Nossos cérebros são as peças de engrenagens sociais e culturais maiores que mostram a marca dos grandes esforços realizados anteriormente por indivíduos e coletividades. Em sentido bastante literal, essa engrenagem é a corporização persistente da riqueza de conhecimentos alcançados. Essa gigantesca razão estendida é a que mais se beneficia de nossos simples esforços individuais e, por isso, constitui o veículo do êxito cognitivo humano (Clark, 1999).

Tudo isso não implica ter obtido alguma "perfeição", nem progresso especial – isso é farinha de outro saco –, mas nos ilustra sobre *como se desenvolve a mente dos seres humanos e a importância fundamental do que o sujeito recebe e/ou encontra em seu entorno, em especial dos outros seres humanos que o rodeiam.*

Vygotsky (1962), já nos anos 1930, propunha a idéia de que o emprego da linguagem pública tem profundos efeitos no desenvolvimento cognitivo. Postulou um forte vínculo entre o discurso, a experiência social e a aprendizagem e propôs a noção de "zona de desenvolvimento proximal" para designar a necessidade que tem a criança de orientação e ajuda proporcionada por outro ser humano, para que obtenha êxito nas tarefas impostas por seu desenvolvimento vital. Somente se obteve suficiente apoio na idade de desenvolvimento ela pode, na ausência do adulto, cumprir a tarefa a que se propõe: o diálogo instrutivo que havia antes com o adulto tem, agora, consigo mesmo e consegue orientar sua conduta, enfocar sua atenção e evitar erros. Nem sempre a proximidade de um adulto pode ser benéfica (um pai agressor ou abusador é tão maléfico quanto um que abandona); falamos do adulto que ajuda e estimula. O mais competente ajuda o jovem ou a criança a alcançar uma posição, a partir da qual poderá refletir sobre a índole das coisas com maior solvência, ao mesmo tempo que possuirá maior consciência e controle de seus atos.

Nessa linha de trabalho, J. Bruner (1996) chega à conclusão de que qualquer mecanismo de aquisição de linguagem que ajude os humanos a incorporá-la não teria possibilidade de fazê-lo, se não existisse um sistema de apoio proporcionado pelo mundo social, que se combine com a capacidade de aquisição. Novamente se enfatiza a necessária presença do outro para adquirir a linguagem, o que equivale a dizer, o passaporte para ingressar na cultura humana.

A INTERAÇÃO COM O OUTRO NO DESENVOLVIMENTO HUMANO

Um dado crucial com relação à resiliência é sua emergência como resultado de uma *interação*, algo que ocorre a partir da relação de um sujeito com seu entorno humano. Portanto, é importante revisar, do ponto de vista psicológico, que papel desempenha a relação com o outro no desenvolvimento do sistema psíquico humano. E a resposta é taxativa: sem essa relação, a criança não alcança sua condição de *ser humano*.[2] O bebê humano necessita, em primeiro lugar, ser reconfortado, "contido" pelos braços de sua mãe, ter contato com um corpo cálido e suave, ser envolto por cheiros e ruídos familiares. Do ponto de vista psicanalítico, esses registros corporais são a base da construção do sujeito: as emoções de prazer e desprazer vão gerando impressões que modularão a relação da criança com seu ambiente. Logo começa a buscar o olhar do outro e espera ser olhado. O olhar da mãe e o do pai são o primeiro espelho em que a criança *se* vê: esses olhares introduzem a criança em sua existência humana. A experiência deve ser positiva para que ocorra normalmente o desenvolvimento da sua auto-estima em um processo normal de narcisização. Essas operações psíquicas particulares, a partir das quais o psiquismo fica impregnado do outro humano, produzem nele verdadeiras precipitações, de traços, imagens e formas tomadas do outro. O eu do sujeito constitui-se como um precipitado do mundo inter-humano; em outras palavras, é uma formação interna que tem sua origem em privilegiadas percepções provenientes do mundo humano. Esses processos (conhecidos como identificação, introjeção, espelhamento, imitação) foram amplamente confirmados pela observação das condutas normais e/ou psicopatológicas dos sujeitos.

Quando esse processo não transcorre normalmente, aparece um déficit primário de narcisização, que pode se agravar, se os pais não aportam uma imagem valorizada de si, com a qual a criança possa se identificar, e se não aparecem substitutos que cumpram essa função. A auto-estima e a autovalorização do eu do sujeito, assim constituído, mantêm esse vínculo com um outro privilegiado.

Como eventualmente falaremos da relação da criança e do adolescente com um *outro significativo ou privilegiado*, vale a pena destacar quais são as qualidades de tal pessoa. Primeiro, vale por sua *presença* junto ao sujeito nas

---

[2] MacLean (1977) relatou o caso de duas crianças que, em 1922, numa aldeia bengali, foram resgatadas de uma família de lobos que as tinha criado, longe de todo contato humano. A maior tinha 8 anos e a menor, 5; esta logo faleceu e a maior viveu dez anos junto com outros órfãos. As crianças não andavam sobre os dois pés e, sim, de quatro, rapidamente. Tinham hábitos noturnos, rechaçavam o contato humano e preferiam estar com os cachorros ou com os lobos. Não falavam nem mostravam expressões nos rostos. Eram sadias e sua separação dos lobos lhes produziu uma profunda depressão, inclusive a morte da menor. A família que cuidou da sobrevivente nunca a sentiu verdadeiramente humana, mesmo que tenha aprendido a caminhar como humano e a falar algumas palavras. Viveu somente dez anos mais. A conclusão é que careceram do contato humano inicial para serem verdadeiramente humanas em suas condutas, que, por outro lado, seriam normais se elas fossem pequenas lobas.

horas boas e más, expressando sempre um *amor incondicional*,[3] mesmo quando sua intervenção deva ser de repressão ou proibição de alguma conduta. Esse amor atravessa qualquer "barreira": não se dirige ao mais lindo, inteligente, possuidor de tal ou qual característica física. É a pessoa que estimula e gratifica afetivamente as vitórias da criança ou adolescente, sua criatividade, humor, iniciativa e ajuda a resolver os problemas, sem substituir a ação do sujeito. Pode ser um dos pais, um integrante da família extensa, um educador – é o sujeito quem outorga importância àquela pessoa. Deve ter *capacidade para assimilar novas experiências e lidar com as situações e relações da vida de modo genuíno e espontâneo*. Corresponde ao que Winnicott (1978) chama de mãe ou meio circundante *suficientemente bom*, em que "suficientemente" alude ao que não é perfeito e não absorve o potencial próprio da criança.

Voltando ao conceito de desenvolvimento da auto-estima, é importante destacar que, quando falta a conformação adequada desta, muitas crianças e adolescentes buscam identificações em grupos marginais, que lhes outorgam algum tipo de identidade, facilitando desse modo o caminho para serem cooptados por grupos de viciados, delinqüentes, etc. *O fato de pertencer a algum grupo que garanta reconhecimento é melhor que não pertencer a nenhum, embora às custas de uma grave patologia*.

O DESENVOLVIMENTO DOS PILARES DA RESILIÊNCIA

Há, então, uma seqüência identificatória e construtora da *auto-estima*, que começa com a mãe e segue com o pai, os irmãos, a família extensa, os amigos, professores, agentes de saúde, etc. Deve-se considerar que, quando o balanço narcisístico começa errado, quase sempre é possível restabelecê-lo.

H. Kohut (1968) chama de *transformações do narcisismo* ao cumprimento, relativamente exitoso, do processo de narcisização do sujeito, o desenvolvimento consistente de sua auto-estima, seu amor a si mesmo, o que o habilita para determinados êxitos, que constituem alguns dos pilares da resiliência. É o caso da *criatividade*, que, em sentido mais amplo, inclui a capacidade de gerar condições de vida aptas para os desejos e ambições do indivíduo, constitui a capacidade de "criar" as condições de satisfação no mundo. A *empatia* é a segunda transformação de que fala Kohut, como meio de chegar, de maneira privilegiada, à experiência mental do outro. Haveria uma "empatia primária", relacionada com o vínculo com a mãe, que nos prepara para poder entender as experiências básicas internas dos demais. O *senso de humor* é necessário para

---

[3] Vanistendael (2000) prefere falar de um amor em profundidade, fundamental, porque não vale ante qualquer conduta do sujeito, mas que admite limites quando são imprescindíveis. Além do mais, o pressupõe.

que o balanço narcisista não adquira sempre caráter dramático ou apocalíptico. Segundo Kohut, coloca o sujeito em uma espécie de nível superior, de onde ele se observa por meio de uma consciência crítica neutralizada por essa observação de segunda ordem, que constitui o humor ou a ironia. O senso de humor não oferece um quadro de grandiosidade e euforia, mas de um sereno triunfo interior, com certo matiz de melancolia. Acrescenta a *aceitação da finitude da existência e a sabedoria* como a capacidade do ser humano de aceitar as limitações de sua capacidade física, intelectual e emocional, o que lhe permite manter uma atitude estável diante da vida e de seus semelhantes, integrando conhecimentos, mas admitindo seus limites e recorrendo ao senso de humor e a um sistema de valores marcado pela experiência vivida dos desejos.

Com relação ao sistema de valores do sujeito, é importante enfatizar que uma proporção importante do processo identificatório da criança tem um destino diverso na constituição do psiquismo do sujeito e conforma um setor diferenciado conhecido como o supereu e o ideal do eu. São os que constituem a instância moral do sujeito, os que em seu interior, consciente ou inconscientemente, lhe dizem o que pode e o que não pode fazer. São, primeiramente, resultado das relações com os pais e, depois, com outros adultos que atuam como transmissores de valores culturais. Essa conformação particular originará a *moralidade* específica de cada sujeito. Novamente, dos sedimentos vinculares registrados no desenvolvimento dependerá a qualidade desse pilar da resiliência: *o exemplo dos outros é determinante*.

A obra freudiana centrou seu estudo do balanço narcisístico no confronto entre o supereu e o eu, mas para a psicanálise, hoje, a importância do objeto externo é decisiva. Portanto, sempre é possível estimular a auto-estima do sujeito e melhorar sua disposição para a vida e para a convivência.

O *humor* é um traço que constitui um comportamento muito significativo da mente humana. A natureza do sistema de informação que dá origem à percepção é um sistema auto-organizado na história do indivíduo, através de pautas que a especificam. O humor mostra como a percepção de uma situação pode mudar subitamente e produzir uma mudança no comportamento do sujeito. Constitui também a essência da *criatividade*. Há um salto por um "caminho" lateral que abandona a seqüência lógica do pensamento em curso, como um efeito liberador, cômico ou criativo, cuja lógica aparecerá num momento posterior: as razões verdadeiras do salto são, num primeiro momento, inconscientes.

Concordamos com Freud (1927), quando afirma sobre o *humor*, que "sua essência consiste em economizar as situações de afeto que a ocasião permitiria e evitar, com uma brincadeira, a manifestação desses sentimentos", revelando sua capacidade de transformar o sofrimento em prazer. Freud também disse que não apenas tem algo de libertador, mas também de patético e grandioso: "o grandioso reside no triunfo do narcisismo, na intacabilidade do eu triunfalmente garantida". Pelo humor, o sujeito se recusa a sentir o doloroso da realidade, mesmo sem desconhecê-la, nem desmenti-la e a ser constrangido pelo sofrimento. O humor é opositor e significa um triunfo do eu, apesar das reais circunstâncias desfavoráveis; é a melhor defesa possível contra o sofrimento, que não leva a alma a se resignar, mas contribui para sua saúde. É uma operação intelectual e uma atitude diante de uma realidade penosa. Algo doloroso tem a possibilidade de ser converter em algo que dê prazer. "O essencial – afirma Freud – é o propósito que o humor realiza [...] Quer dizer: 'Vejam: esse é o mundo que parece tão perigoso. Uma brincadeira de crianças, resta gracejar sobre ele!'."

Em certo sentido, a capacidade de humor é a renovação de uma auto-estima bem instalada. Psicanaliticamente, pelo humor, o eu pode debochar das exigências ou juízos do supereu, enquanto ajusta seu sentimento e sua atitude à situação penosa, presente na realidade, possibilitando a tramitação ou superação de tensões acumuladas. Qualitativamente, produz uma desqualificação (desautorização) relativa, geralmente transitória, de certos conteúdos pertencentes aos ideais do eu e, também, da realidade adversa. O mesmo efeito produz-se quando o humor se desdobra na relação com o outro: altera a tensão que pode existir no vínculo, que se reencontra em um nível de intercâmbio positivo.

Viktor Frankl (1979) afirma que o humor era uma das armas com que o sujeito lutava por sua sobrevivência nos campos de extermínio. Cada um prometia a um companheiro que, a cada dia, inventaria uma história divertida sobre algum incidente que pudesse ocorrer no dia seguinte à sua libertação. Por exemplo: teriam se esquecido como se serve a sopa e pediriam à anfitriã que lhes desse uma colherada "do fundo".

Nas comunidades andinas do Peru, que se caracterizam por seu caráter autoritário, a sátira e o humor são usados como mecanismo para expressar descontentamento com algo. As crianças e os adultos usam esse recurso para mostrar seu desacordo, sem chegar à discussão ou ao enfrentamento com os pais (Instituto Región y Desarrollo, 2000).

A *criatividade* é uma qualidade originária do funcionamento da mente humana. A reflexão sobre si mesma, a capacidade de pensar sobre os próprios pensamentos abre caminho para uma capacidade rara, no caso do animal humano, de gerar novos conceitos, hipóteses, análises da situação, possibilidades de ação, incluindo a de se apoiar no entorno. Isso aumenta substancialmente sua capacidade de se desenvolver no mundo. A condição criativa não é um dom, nem uma condição rara, é parte da natureza humana e depende de como se desenvolve o sujeito.

A origem da criatividade é a brincadeira, a ocupação mais intensa e preferida da criança. Pode-se dizer que, para a criança, a brincadeira é uma forma de tratar da realidade, organizar o mundo da maneira que lhe agrada. O contrário da brincadeira não é a seriedade, como poderia parecer, mas a realidade efetiva. A brincadeira da criança, contudo, não é somente imaginativa; também se ocupa de juntar objetos e situações imaginadas e coisas palpáveis e visíveis do mundo real. "Ao brincar, a criança externa seus medos, suas angústias e seus problemas internos, dominando-os pela ação". Opera criativamente, repetindo na brincadeira as situações que resultam excessivas para seu eu fraco, dominando-as com o auxílio dos objetos externos à sua disposição, desprezando as situações desagradáveis e repetindo à exaustão as agradáveis (Aberastury, 1998). A criança, durante seu crescimento, vai deixando de brincar e, com muito empenho, vai assumindo as realidades da vida com a devida seriedade. Mas o adulto plenamente desenvolvido guarda como aquisição a capacidade de criar e manipular situações novas.

Depende da atitude dos pais e educadores, é claro, não frear a criatividade da criança e estimulá-la afetivamente para que se desenvolva globalmente. É fundamental nesse processo a gratificação afetiva aos atos ou pensamentos da criança, que mostrem criatividade.

Quanto à *introspecção*, considerada a arte de se perguntar e se dar uma resposta honesta, é tributária do desenvolvimento equilibrado da relação do eu com o supereu-ideal do eu do sujeito. Perguntando a si mesmo, se põe em jogo a auto-estima do sujeito, a consistência afetiva da relação consigo próprio. Se ela é negativa e o eu é vítima de uma exacerbada crítica interna, por sua própria autoconsciência vinculada ao supereu, ou está esgotado pelas exigências de seus ideais, não poderá dar-se uma resposta honesta, especialmente se isso implica uma autocrítica, pois haverá lesão em sua auto-estima. Se esta não alcança um nível suficiente, o sujeito se defende rechaçando qualquer interrogação que ponha em dúvida seu precário equilíbrio. Por exemplo, um adolescente cooptado por um grupo de viciados não pode discutir e ser honesto consigo mesmo sobre a má escolha que fez, porque necessita do reconhecimento desse grupo para manter determinado equilíbrio, mesmo que a custo do vício.

O desenvolvimento da capacidade de introspecção, portanto, está indissoluvelmente ligado a uma sólida auto-estima, fruto das boas relações com os outros significativos.

A *capacidade de se relacionar* com outros é conseqüência da necessidade vital que, nesse sentido, manifesta todo ser humano. A provisão constante de afeto que requer a auto-estima do sujeito mobiliza essa necessidade durante toda a vida. Contudo, um desequilíbrio narcisista pode dificultá-la, tanto por falta, quanto por excesso. Por falta ocorre quando a baixa auto-estima leva o sujeito a pensar em si como não merecedor da atenção dos outros, coisa que sua própria reticência ao contato termina por confirmar, quando os demais optam por não se aproximarem dele. Por excesso, se produz quando uma superestimação defensiva, que serve para obstruir carências importantes, provoca um afastamento, disfarçado de soberba, onipotência, auto-suficiência, etc., traços que afugentam os outros. Nesses casos, o desequilíbrio depende de uma excessiva pressão do supereu ou do ideal do eu.

Quando a relação com essas instâncias é adequada, não somente se desenvolve a capacidade de se relacionar, como também se instala plenamente a possibilidade de *tomar iniciativas*.

Por sua parte, a *independência* se baseia num desenvolvimento adequado do princípio de realidade, que permite julgar uma situação externa, prescindindo dos desejos íntimos do sujeito, que podem levá-lo a distorcer a verdadeira situação. O amor de uma criança ou adolescente por seus pais e por outras pessoas próximas ou o temor de perder o amor deles o obriga a negar, consciente ou inconscientemente, a realidade penosa que pode estar vivendo em sua relação com eles e a ficar preso em situações de abusos ou descuidos deletérios para seu desenvolvimento. Somente se o eu do sujeito alcançou um juízo adequado da realidade, sustentado numa auto-estima sólida, poderá fixar limites com o meio ou com as pessoas problemáticas, sem cair no isolamento.

ALGUMAS CONCLUSÕES

Poderia ser a promoção da resiliência uma espécie de *vacina*[4] geradora de imunidade, diante das agressões do meio sobre o equilíbrio psicofísico de crianças e adolescentes? Produz *saúde mental*?

Um pouco disso ocorre e é particularmente interessante da perspectiva da saúde mental, porque nesse campo não contávamos com um equivalente às vacinas que, produzindo imunidades específicas, evitam diversas doenças. O conceito de prevenção ligava-se, preponderantemente, ao diagnóstico e tratamento precoce nas situações de risco e, também, a um conhecimento genérico da importância de que as primeiras relações das crianças fossem afetivamente adequadas, para obter um desenvolvimento sadio. Mas não se havia sistematizado, de modo prático e aplicável, justamente às populações desfavorecidas, um meio de gerar um estado que amortizasse os efeitos nocivos das situações de risco ou lhes permitisse avançar para um desenvolvimento saudável.

O conceito de resiliência e a possibilidade de sua promoção têm a virtude de uma transdisciplinaridade frutífera entre o âmbito social e o psicológico e abrem perspectivas de trabalho e pesquisa nesse tipo de "prevenção primordial", muito antes da emergência de uma patologia ou de um problema (Vanistendael, 1992).

Sob uma perspectiva psicopatológica, cabe a pergunta sobre o que ocorre com os conflitos psicológicos que vêm da infância. A resposta passa por considerar a promoção da resiliência como um processo de consolidação ou fortalecimento da instância do eu do sujeito, que, desse modo, se torna mais capaz de mediar os conflitos entre os seus desejos, suas instâncias críticas (o supereu e o ideal do eu) e a realidade. O eu aumenta sua capacidade para instrumentalizar esses conflitos de um modo "saudável": *os conflitos podem ser mais manejáveis para o eu resiliente.*

---

[4] Ao falar de vacina, não pensamos nas que imunizam por toda a vida, mas as do tipo antigripais, que devem ser renovadas anualmente.

REFERÊNCIAS

Grotberg, E. (1997): "*La resiliencia em acción*", trabalho apresentado no Seminário Internacional sobre Aplicação do Conceito de Resiliência em Projetos Sociais, Universidade Nacional de Lanús, Fundação Bernard van Leer, 1997.

Suárez Ojeda, N. (1997) "*Perfil del niño resiliente*", trabalho apresentado no Seminário Internacional sobre Aplicação do Conceito de Resiliência em Projetos Sociais, Universidade Nacional de Lanús, Fundação Bernard van Leer.

Aberastury, A. (1998): *El niño y sus juegos*, Buenos Aires, Paidós.

Bruner, J. (1996): *Realidad mental y mundos posibles*, Barcelona, Gedisa.

Clark, A. (1999): *Estar ahí. Cerebro, cuerpo y mundo en la nueva ciencia cognitiva*, Barcelona, Paidós.

Freud, S. (1927): *El humor*, Buenos Aires, Amorrortu, t. XX.

Frankl, V. (1979): *El hombre en busca de sentido*, Barcelona, Herder.

Grinker, R.; J. Spiegel (1998): "*Men under stress*", en Walsh, F., "El concepto de resiliencia familiar: crisis y desafío", Sistemas Familiares, año 14, n° 1, marzo de 1998, Buenos Aires.

Grotberg, E. (1997): "*La resiliencia en acción*", trabajo presentado en el Seminario Internacional sobre Aplicacion del Concepto de Resiliencia en Proyectos Sociales, Universidad Nacional de Lanús, Fundación Bernard van Leer, 1997.

Instituto Región y Desarrollo (2000): "*Proyecto Children's Tapunacuy*", Perú, comunicado en Internet.

Kohut, H. (1968): "Formas y transformaciones del narcisismo", *Revista de Psicoanálisis*, vol. XXV; n° 2, Buenos Aires.

Kotliarenco, M.A. et al. (1997): *Estado de arte en resiliencia*, Washington DC, OPS/OMS, Fundación Kellogg, CEANIM.

Maturana, H.; Varela, F. (1984): *El árbol del conocimiento*, Santiago de Chile, Editorial Universitaria.

Munist, M. et al.: *Manual de identificación y promoción de la resiliencia en niños y adolescentes*, Washington DC, OPS/OMS, Fundación Kellogg, 1998.

Suárez Ojeda, N. (1997): "*Perfil del niño resiliente*", trabajo presentado en el Seminario Internacional sobre Aplicación del Concepto de Resiliencia en Proyectos Sociales, Universidad Nacional de Lanús, Fundación Bernard van Leer.

Vanistendael, S.; Leonte, J (2000): *Le bonheur est toufours possible. Construire la resilience*, Paris, Bayard Edtitions.

Walsh, F. (1998): "El concepto de resiliencia familiar: crisis y desaflo", *Sistemas Familiares*, año 14, n° 1, março de 1998.

Winnicott, D. (1978): "*El concepto de individuo sano*", en Donald W. Winnicott. Buenos Aires. Trieb. 1978.

5

RESILIÊNCIAS FAMILIARES

María Cristina Ravazzola

EM BUSCA DE MODELOS DE COMPETÊNCIAS

Os modelos com que tentamos explicar os fenômenos da conduta humana, mesmo os que respondem a maior número de nossos questionamentos, sofrem flutuações e, em diferentes momentos históricos, alguns modos de pensar se tornam dominantes e se organizam em teorias mais e mais bem sistematizadas, enquanto outros se tornam periféricos, às vezes até se submetendo, mesmo que parcialmente, aos novos modelos centrais.

Tendências determinaram modos e perspectivas do pensamento durante muito tempo, como é a de destacar déficits, desvios, anomalias e doenças. Tanto é assim que, mesmo quando tentamos ampliar e expandir os componentes de nossos modelos explicativos em saúde mental, muitas vezes continuamos nos detendo no que se apresenta como déficit, o que não funciona bem. Somente nos damos conta dessas tendências quando, afortunadamente, encontramos algum paradigma novo, que revela os aspectos repetitivos, que nos induzem a "morder o próprio rabo", resultanto em um modo de pensar circular e limitado até o momento mais comum e, dessa maneira, nos resgata para novos esforços e explorações que abram outros horizontes e habilitem mais opções para nossa atuação.

Os déficits, o negativo, a doença, as falhas, os problemas e os fracassos nos fizeram considerar, mesmo sem nos darmos conta, pessoas e entidades em seus aspectos mais redutores. Se alguém sempre se droga, verá a si mesmo e será visto mais como drogado do que como um indivíduo com capacidade de recuperação; se alguém fracassa repetidas vezes em negócios, será considerado "perdedor", não sendo considerada a gama de recursos possíveis que ainda não explorou, nem desenvolveu.

O mesmo ocorre com as famílias, instituições, culturas. Os modelos de déficit instalaram-se no centro dos paradigmas médicos, psiquiátricos, psicológicos e sociais, nos induzindo a pensar em prognósticos redutores e negativos que inibem os sujeitos de terem iniciativa para resolverem seus dilemas e de se associarem a parceiros para obter ganhos e enriquecer suas capacidades. Os modelos de déficit que negam as capacidades daqueles que protagonizam sofrimentos induziram-nos a procurar a instância que lhes oferece a solução possível e a se transformarem em receptores passivos dessas soluções, em vez de serem aqueles que efetivamente proponham o mais adequado a suas próprias necessidades.

Também foi próprio do surgimento dos modelos, no campo específico da saúde mental, que, no estudo e práticas relacionados com as condutas humanas, os profissionais encontraram freqüentemente conceitos com novos nomes, que se tornaram novas formas de denominar velhas práticas as quais, sem muita explicação, tinham ficado fora das principais correntes do momento.

Podemos concordar que as práticas psicológicas predominantes e aceitas (psiquiatria, psicanálise, algumas psicoterapias) são caras, retiram demasiadamente as pessoas de seus contextos, não estão orientadas para soluções, prolongam-se por anos e, às vezes, não conseguem mudanças positivas em condutas que afetam severamente as pessoas (alcoolismo, dependência química, violência, etc.). Na Argentina, foram raras as tentativas de incorporar outras especialidades (como psicologia e psiquiatria comunitária) aos serviços hospitalares, assim como também foram escassos os esforços para incorporar esse tipo de serviço às políticas de saúde mental. Mas a necessidade de responder aos graves problemas mencionados (alcoolismo, dependência química, violência familiar e social, graves transtornos de conduta), de visibilidade crescente, levou, pouco a pouco, nos últimos dez anos, à criação de agências governamentais e ONGs dedicadas a abordar esses temas, muitas com enfoques que transcendem as teorias psicológicas das correntes centrais, incorporam aspectos dos enfoques comunitários e pesquisam modalidades inovadoras.

Contudo, ainda é necessário procurar as formas e linguagens apropriadas, capazes de garantir e enriquecer as práticas profissionais, que incorporam o contexto social em suas propostas e dão lugar à confiança nos recursos que os protagonistas têm para enfrentar seus problemas.

POR QUE ESTUDAR AS RESILIÊNCIAS?

Após uma prolongada consulta a material teórico e técnico e seleção das contribuições mais importantes, considero que o conceito de *resiliência* e os enfoques incorporados constituem uma fonte de modalidades e linguagens para onde podem confluir profissionais interessados, em uma prática que ajude eficazmente a resolver problemas e a obter bem-estar para amplos setores da população.

Outro conceito que traz esse novo campo de pesquisa teórica – vital para orientar a prática profissional e habilitar ações frutíferas – é a noção de construção social da realidade, associada, por um lado, ao concreto exercício desconstrutivista, que nos ajuda a julgar questões e a duvidar de afirmações que possam reduzir nossas possibilidades e, por outro, ao treinamento para participar de conversações que promovam as mudanças necessárias. Do ponto de vista do construcionismo social, podemos desconstruir e redefinir, em diversos contextos, o gênero, a família, os papéis de pais e mães, o amor, os contratos matrimoniais, a história individual e coletiva, a vida cotidiana e tantos outros temas que abordam emoções e condutas. Também podemos tomar consciência das tendências que sustentam nossos próprios discursos e gerar e cuidar de uma linguagem que ajude a produzir debates e discussões liberadoras.

O outro ponto-chave, que traz linguagem e formas heurísticas para práticas que procuram fortalecer pessoas e relações, refere-se à mudança de enfoque que esses modelos representam. Eles integram o conjunto daqueles que se apóiam nas competências e nos recursos e deixam de enfatizar problemas e defeitos, como os modelos de déficit.

Havíamos mencionado como a visualização e a difusão da noção das resiliências (atribuídas tanto a indivíduos, quanto a grupos sociais) produzem esse efeito de mudança paradigmática, propondo uma linguagem e uma forma capaz de convocar os profissionais da saúde mental de diferentes orientações. A partir do surgimento dessa noção, se abre a possibilidade de que os operadores investiguem as capacidades que possam adquirir os membros de cada família com as quais têm contato, em lugar de designá-los como "patológicos" ou de responsabilizá-los totalmente pelos problemas apresentados.

Este conceito também tem a propriedade de pôr em dúvida teorias da psicologia de causas deterministas que prescrevem conseqüências inexoráveis para quem teve experiências dolorosas, de ataques ou perdas significativas, especialmente na infância. Esses pressupostos deterministas estão tão integrados à cultura que as metáforas com que se determina essas experiências negativas costumam ser "estressantes" e "traumáticas", tais como efeitos da ordem do déficit.

A observação dos desenvolvimentos de vida que apareceram, a princípio, como exceções a esses desenlaces, e que começam a ser cada vez menos excepcionais, quando se abre o espaço mental para que sejam visíveis, dá lugar a construções novas e a propostas que ampliam as perspectivas do campo da psicologia, como a que se produz em torno do estudo das resiliências individuais, grupais, relacionais, familiares e comunitárias.

O QUE SÃO AS RESILIÊNCIAS?

O enfoque das resiliências permite pensar que, não obstante as adversidades sofridas por uma pessoa, família ou comunidade, estas têm capacidades potenciais para se desenvolver e alcançar níveis aceitáveis de saúde e bem-estar. Essas capacidades permitem tolerar, manipular e aliviar as conseqüências psicológicas, fisiológicas, comportamentais e sociais, provenientes de experiências "traumáticas", sem se desviar muito do curso do desenvolvimento, com a compreensão adequada das experiências e de suas reações (Pynoos, 1984).

As experiências adversas mais freqüentes e importantes são as que implicam carências, abusos, superproteção, desqualificação, negligência e ineficiência de quem lidera grupos sociais. Também as experiências que expõem o indivíduo às adversidades sociais sem apoio (Wolin e Wolin, 1993), como a oferta massiva do consumismo, a exposição e a glorificação das culturas de evasão e transgressão, a diminuição de oportunidades para a participação ativa e positiva, a falta de gratificações, a diminuição da confiança em resultados justos, as experiências de pobreza, marginalização, desqualificação por ser diferente, desemprego, prisão, perda de inserção escolar, carência de redes de apoio, aprendizagem e formas de obter autonomia. Acrescentamos a ausência de projetos, reconhecimento social, canais para comunicar as necessidades, oportunidades para desenvolver talentos alternativos, valorização de contribuições sobre experiências de estigmatização, invisibilidade e exclusão social.

Identificamos e enumeramos fatores, exaustivamente estudados em sua influência e possíveis conseqüências, que incidem negativamente na vida e no desenvolvimento das pessoas. Precisamos agora enfrentar o desafio que propõe o enfoque da resiliência, que nos ajuda a rechaçar uma resposta linear proporcional a esses *handicaps* iniciais e a visualizar, em troca, tudo o que é possível fazer para ajudar as pessoas a superarem todos esses inconvenientes.

Também é importante advertir que esse enfoque, como qualquer outro, não é absoluto; portanto, não proporciona todas as respostas, nem está isento do risco de ser utilizado dentro dos modelos que enfatizam os déficits. Assim, por exemplo, se poderia reificar o conceito e pensar que há pessoas "mais resilientes" e pessoas "menos resilientes".

RESILIÊNCIAS DE RELAÇÕES

Partindo então da consciência de utilizar uma metáfora frutífera, quais seriam os elementos a considerar como resiliências de relações? Que capacidades de relações ajudam a recuperar e construir estados de bem-estar?

Quanto a isso, Froma Walsh destaca que "um conjunto de crenças e narrativas compartilhadas, que fomentem sentimentos de coerência, colaboração, eficácia e confiança, é essencial para a superação e o domínio dos problemas". Em outro trecho, esclarece que "se expõe o conceito de 'resiliência familiar', considerando-o um contexto de referência útil para orientar pesquisas, intervenções e tentativas de prevenção". Ela se pergunta, assim como nós: o que faz com que algumas famílias se desmanchem e se destruam diante das crises e que outras consigam superá-las e, ainda, sair delas maduras e recuperadas? Como podemos definir e estudar esses processos benéficos para ajudar outras famílias e outros grupos sociais? Ou será a adoção de uma perspectiva sobre as resiliências, em si mesma, um desses fatores? Acreditar que nem todos os golpes destroem e que todas as pessoas têm recursos para superar as crises contribui enormemente para facilitar e acompanhar a adoção de atitudes que ajudem a enfrentar adversidades.

Idéia semelhante seguem autores como Haim Omer, em seu livro *Parental Presence*, e Guy Ausloos em *Las capacidades de la familia*. O primeiro é brasileiro, radicado em Israel, e o segundo é belga e vive no Canadá. Estudiosos de crises familiares, como Gerald Caplan, David Reiss e Reuben Hill, deram grandes contribuições para entender as famílias e suas crises evolutivas, assim como suas possíveis crises traumáticas, valendo-se de enfoques que destacavam aspectos positivos, mas não propunham um deslocamento da ênfase dos déficits para a ênfase nas competências, nem obviamente descreviam o alcance de tal mudança.

Nosso desafio atual é estudar as interações familiares, considerando os recursos a serem promovidos, nos quais ocorrem as crises. Pensar, a partir do enfoque das resiliências, estimula pesquisas orientadas a assinalar esses recursos que aparecem nas relações[1], em especial as relações com continuidade e grande compromisso afetivo. Sem dúvida, essas pesquisas ajudam a desenvolver um conhecimento sobre as competências e potencialidades humanas que ficou postergado pelas tradições em pesquisa destinadas a estudar especialmente os déficits das famílias e as funções maternas e paternas[2].

As pesquisas orientadas para destacar as competências permitiram a revisão e a desconstrução das teorias lineares, segundo as quais, ante determinadas causas (os pais ausentes, os que maltratam os filhos ou os que são negligentes), sempre haveria conseqüências deficitárias (filhos doentes ou com condutas anti-sociais). Não podemos ignorar que o caminho das propostas formuladas pelas teorias lineares de causa significa a imputação de culpa permanente nas famílias (em particular nas mães), por parte dos operadores, no campo da saúde mental, com modalidades que, na prática das intervenções, mostraram-se buscas detetivescas de causas simplistas e redutoras, diante de problemas apresentados por crianças e jovens.

Afortunadamente, estudos sérios, ao longo de muitos anos, informam sobre indivíduos que sofreram pobreza, violência social e situações familiares caóticas (drogas, álcool, delinqüência de pais ou irmãos) e, mesmo assim, foram capazes de se recuperar e seguir adiante[3].

---

[1] Em outros capítulos, aprofundam-se temas de resiliência referentes a pessoas.

[2] Mesmo assim, alguns terapeutas familiares sempre recorreram em seu trabalho às "forças" da família (Salvador Minuchin) ou aos "tesouros ocultos" da família (Ema Genijovich).

[3] Essas pesquisas e estudos foram efetuados pelos seguintes autores, citados por F. Walsh (1998b): Dugan e Coles (1989), Felsman e Vaillant (1987), Garmezy (1991), Helmreich (1992), Werner e Smith (1982).

De traços individuais a traços de relações

Descreveram-se características individuais, comumente encontradas nas pessoas que inspiraram as hipóteses acerca das resiliências, como elevada auto-estima, inclinação otimista, temperamento alegre, senso de humor e confiança nas próprias capacidades[4].

Já M. Seligman (1990)[5] descreveu atitudes que não são inatas, mas relacionadas com processos; nesse caso, descreve o processo de "aprendizagem do otimismo", partindo de seus próprios estudos anteriores sobre aprendizagem do pessimismo (*hopelessness*) ou da impotência (*helplessness*). Seligman demonstra que é possível condicionar as pessoas para que confiem em sua própria experiência acumulada de domínio e controle, descrevendo uma interação baseada em recompensas, estímulos e experiências de conseqüências "previsíveis" e "justas".

Também podemos pensar que os traços positivos descritos como "próprios" de alguns indivíduos são favorecidos por algumas interações e dificultados por outras e que, portanto, é possível contribuir para construir as resiliências (segundo concepções sistêmico-ecológicas, evolutivas e contextuais), a partir dos diferentes grupos sociais e instituições da comunidade. "Cabe considerar a família, o grupo de amigos, a escola, o local de trabalho ou os sistemas sociais amplos como nichos contextuais para a competência social", disse Bronfenbrennen (em Walsh, 1998b). Froma Walsh, por sua vez, distingue os fatores contextuais que promovem resiliências individuais dos que seriam resiliências próprias de alguns sistemas sociais como a família. Para Seligman, é muito importante (e um fator de resiliência) o acúmulo de experiências constantes de atos que tiveram sempre as mesmas conseqüências. Refere-se aos prêmios pelos atos considerados positivos e aos castigos pelos considerados negativos. Essa autora insiste nos processos que estimulam a construção coletiva de narrativas coerentes, que vão unindo histórias de cada um e de todos, em que dores e adversidades têm um sentido compreendido e compartilhado por todos e que lhes dá possibilidades de um lugar social digno.

---

[4] Também são descritas outras capacidades em alguns capítulos deste livro, por exemplo o anterior, "Alguns fundamentos psicológicos do conceito de resiliência".

[5] Autor citado por F. Walsh; Ana María Aron em seu artigo "Um modelo de saúde mental comunitária no Chile", em *Ciências sociais e medicina: Perspectiva latino-americana*, e Tojo Thatchenkery, em seu artigo "Appreciative inquiry as shifting conversations: A case study on the power of reframing", trabalho que descreve modelos de competências, apresentado em Social Construction and the Relational Practices International Conference.

Resiliências familiares

Como terapeuta formada e especializada em diversas linhas, dedico-me, há muito tempo, ao campo das construções de relações e conversações terapêuticas, que se propõem a ajudar aqueles que estão envolvidos com problemas que não conseguem resolver. Nesse caminho, encontrei as concepções da resiliência de grande interesse para pensar sobre os problemas de violência familiar, maus-tratos infantis e abusos sexuais em crianças. Apesar das descrições sobre as conseqüências das experiências sofridas por algumas pessoas, tanto na bibliografia, como na experiência de colegas[6] das redes em que me baseio, também surgiram descrições de desenvolvimento de pessoas que não seguiam as predições de sintomas e danos, citadas pelas teorias tradicionais sobre a conduta humana.

Apesar de haver sofrido os mesmos golpes e ataques, algumas pessoas se desenvolviam normalmente. Como explicar essas situações que contradizem o esperado? Sempre podem ficar como exceções, e então as teorias não se comovem, ou pode-se tentar outro tipo de explicação. A idéia das resiliências aparece como uma dessas explicações que nos fazem refletir.

Em física, a resiliência (de *resilio*: voltar ao estado original, recuperar a forma original) se refere à capacidade dos materiais de voltar à sua forma, quando são forçados a se deformar. O estudo da energia investida na deformação sem ruptura aprofundou-se em relação aos metais e às conseqüências dos choques entre objetos.

As ciências sociais consideraram essa metáfora frutífera para descrever fenômenos observados em pessoas que, apesar de viver em condições de adversidade, são capazes de desenvolver condutas que lhes permitem uma boa qualidade de vida. Convém discutir as definições habituais de adversidade e qualidade de vida; nesse sentido, cabe admitir que, durante muito tempo, a adversidade esteve ligada à pobreza e que, atualmente, esse tema é estudado de um ponto de vista ampliado nos campos da vitimologia e de todos os estudos sobre abusos e saúde mental, que incluem as experiências de sofrimento diante de catástrofes sociais e naturais e a criação em condições de alcoolismo e outras dependências, psicoses, abusos e negligência. Também é necessário um acordo sobre o que entendemos por qualidade de vida, nos primeiros passos desse terceiro milênio. É indiscutível, porém, que o interesse pelo tema das resiliências atravessa e transcende a medicina, a psiquiatria, as ciências sociais

---

[6] Para Maggy Simeon, Edith Tilmans, Juliana Montefiore Kandel, Gianella Peroni e Heidi Sigfried – meus colegas de REBLASAM (Rede Belgo-Latino-Americana de Saúde Mental) e o BICE (Bureau Internacional Católico da Infância) e, na Argentina, para Maria Trejo, religiosa da Congregação das Irmãs Adoratrizes, e as especialistas Verônica Rodrigues e Gladys Lavieri, esta concepção era central em seu trabalho.

e os estudos de direitos e legalidade, assim como constrói um espaço transdisciplinar em que todas essas definições adquirem profundo sentido.

Já vimos que as observações sobre pessoas e grupos que conseguem enfrentar adversidades com sucesso propõem, de alguma maneira, um desafio aos paradigmas tradicionais, quanto à forma de abordar os problemas e sofrimentos humanos. Enquanto o olhar tradicional enfocou o trauma, os danos, os problemas, as limitações, as carências e os "desvios", elaborando diagnósticos cada vez mais complexos, no afã de encontrar causas e conseqüências previsíveis, assim como metodologias de correção do desvio (como relação a um "eixo" de normalidade) ou do "sintoma", a proposta da resiliência consiste em enfocar e enfatizar os recursos das pessoas e grupos sociais para "ir em frente".

Como essa perspectiva desestabiliza as teorias tradicionais no campo da psicologia, até agora não foi fácil ensinar nas academias como avaliar e reforçar as capacidades das pessoas. Contudo, nos preparamos e aprendemos muito sobre como analisar o cotidiano e definir "síndromes", a partir de condutas indesejáveis que se repetem.

Nesse sentido, essa metáfora, a resiliência, talvez por vir do campo das ciências exatas, gerou entusiasmo por um inexplorado fenômeno humano, o de seus recursos e competências, de um modo mais consistente que outras tentativas teóricas orientadas em direções semelhantes (síndromes adaptativas, forças do eu, concepções sobre saúde mental e pessoas sadias, estudos sobre recursos e competências, etc.). O enfoque sobre a patologia e o "desvio" a ser corrigido foi muito mais tentador e conseqüente com as funções esperadas dos profissionais, e delegadas a estes.

Os pioneiros da linha sistêmica, em especial os procedentes da terapia de crianças, começaram a incluir a mãe nos tratamentos, porque percebiam que o pressuposto de que a família depositara a criança "doente" no consultório do psicólogo, que devia devolvê-lo "curado", quase nunca funcionava. A verdade é que as condutas da criança mudavam a partir de conversações das quais a mãe participava. Mas foram poucos os profissionais que reconheceram que estávamos diante de recursos das mães e das crianças que colocávamos em jogo. Bem antes, muito rapidamente se voltava à idéia de que era a mãe quem fazia algo ruim ou negativo que provocava os sintomas no filho, com o que o velho paradigma reaparecia e as novidades voltavam ao terreno das idéias, sem serem devidamente analisadas.

As conversações decorrentes do uso da metáfora da resiliência permitem manter a atenção sobre os fatores de proteção (e não tanto sobre os de risco) e sobre a possibilidade de identificar os recursos usados por indivíduos e comunidades para melhorar suas condições de vida, mesmo que em circunstâncias terríveis.

Sem deixar de lado essas vulnerabilidades de pessoas e de relações, nem a inclusão dos conflitos nos processos vitais, os estudiosos das resiliências definiram algumas condições que as reforçam, entre as quais estão crenças; atitudes e aptidões, como a capacidade de colaborar; a confiança em si e nos outros; as habilidades de comunicação; as capacidades de expressão; as habilidades na resolução de conflitos; a capacidade de assumir compromisso e participação; o acesso às emoções ligadas à esperança e ao otimismo; a alegria; o humor; a flexibilidade; e a capacidade de auto-reflexão.

Mas, como a idéia não é definir indivíduos, famílias ou redes sociais resilientes, como se fosse uma "essência" que alguns possuem, e outros não, e sim a de reforçar as qualidades potencialmente presentes nos paradoxais indivíduos sociais, Froma Walsh observa que, nas resiliências, é muito importante que as pessoas sejam capazes de:

- Reconhecer os problemas e limitações a enfrentar.
- Comunicá-los aberta e claramente.
- Registrar os recursos pessoais e coletivos existentes.
- Organizar e reorganizar as estratégias e metodologias, tantas vezes quanto necessário, revisando e avaliando perdas e ganhos.

Para isso, Walsh sustenta que, nas relações, é necessário que se produzam as seguintes práticas:

- Atitudes demonstrativas de apoios emocionais (relação de confirmação e confiança nas competências dos protagonistas).
- Conversações em busca de acordos sobre prêmios e castigos.
- Conversações em que se construam significados compartilhados sobre os acontecimentos prejudiciais, com coerência narrativa e sentido dignificador para seus protagonistas.

É interessante notar como os traços definidos como individuais, em princípio, são logo observados nos grupos familiares capazes de superar problemas graves. Talvez uma maneira adequada de descrever esses traços seja a enumeração do que vimos que essas pessoas são capazes de realizar em suas relações. Uma conduta infalível é a de produzir intercâmbios em que apareçam traços de humor. Alguém pode transformar o relato de situações vividas por todos, podendo, de repente, fazer rir. Também está presente a capacidade de fantasiar, imaginar situações, cultivar e conservar os sonhos e as esperanças, sem que isso signifique alimentar falsas ilusões. Outra conduta de caráter sistemático foi a capacidade de "des-culpar", ou seja, compreender que as adversidades não deviam ser entendidas como a culpa de alguém, que fica assim estigmatizado. Outros autores destacam a estrutura de uma narrativa empática, em que as pessoas se percebam como protagonistas de histórias verossímeis, que apontam para a melhora e a recuperação de sua dignidade, e que possuam inclusive um sentido estético diferente do esperado.[7] Uma

---

[7] Como descreve Molina Loza (1998).

criança pensar que sua mãe a abandonou e não a amou é diferente do que ela construir uma história que a faça pensar que sua mãe era muito jovem e temia não poder criá-la da melhor maneira e, por isso, aceitou encaminhá-la para a adoção. Comumente, são descritas capacidades de se comunicar abertamente, expressar emoções, usar códigos compreensíveis para outros, experimentar, em conjunto, sensações de cumplicidade, com vivências importantes de aceitação e inclusão.

Fala-se, mesmo assim, de a necessidade dos membros de uma família serem flexíveis, ou seja, de poderem introduzir flexibilidade em suas relações. As famílias necessitam também exercitar funções de cuidado e preservação, que requerem capacidades como a estabilidade e a firmeza. Mas o medo de perder estas últimas pode levar alguns a se agarrarem a condutas que já não lhes servem e a ficarem "grudados" a regras que não condizem com os contextos atuais de convivência. Por exemplo, nas famílias imigrantes (na Argentina, atualmente, a maioria é de paraguaias e bolivianas), é comum que os pais e a geração de adultos imponham aos jovens comportamentos úteis e seguros em seu país de origem, mas desnecessários nas circunstâncias próprias da nova cultura. Se os que têm visões diferentes podem conversar, sem que o medo das perdas os impeça ou limite os intercâmbios, as adaptações são menos dolorosas para todos.

Nesses casos, cabe aos adultos de cada família serem capazes de renunciar a ter sempre a razão, a ser donos da "verdade objetiva", para poderem escutar posições diferentes, construídas sobre lógicas não-habituais para eles. O prestígio da experiência e do lugar de respeito que merecem os adultos não é obtido, necessariamente, com o exercício do poder sobre as pessoas mais jovens e dependentes, mas, justamente, quando são capazes de não se aferrar a lugares de superioridade e se permitem questionamentos e críticas, o que não significa a sua diminuição como pessoas.

Especialmente nas situações de crise, todos somos mais vulneráveis a provocações e, portanto, os vínculos são mais frágeis. É nesses momentos que são necessárias atitudes e capacidades relacionadas com a função de sustentar os vínculos. Quem transmite que pode brigar e se aborrecer, mas que isso não significa a ruptura dos laços, demonstra essa capacidade de sustentar as relações, que os mais perturbados podem não estar momentaneamente percebendo. Isso também está em jogo quando uma família se anima a deixar de lado a excessiva proteção e desenvolve capacidades para desafiar inibições e temores, mantendo os vínculos e as pessoas. Outras capacidades detectadas nos indivíduos e nas relações das famílias que conseguiram se sair bem de grandes crises são: capacidade de inovação, de criação, de adaptação (para enfrentar o novo, aproveitando tudo o que traz como ensinamento); capacidade de superar impotências e obstáculos, não se dando facilmente por vencidos, habilidade para estimular os mais necessitados, sem abandoná-los; capacidade de aproveitar e gerar recursos, de construir definições coletivas de limites, pautas, papéis, objetivos, necessidades e estratégias; capacidade de se projetar no tempo e antecipar outro momento em que a situação tenha mudado, ou seja, experimentar sensações de esperança.

Essas potencialidades existem em todas as famílias. Muitas vezes, lamentavelmente, somente alguns de seus membros as exercem (majoritariamente as avós e as mães).

PAPEL DOS OPERADORES DO CAMPO DA SAÚDE MENTAL

Neste campo, a maioria dos profissionais foi formada segundo modelos que enfatizam a enfermidade. A menos que questionemos nossa formação e reflitamos, seguiremos intervindo nas redes de relações com tendência a ver o desvio e perderemos de vista os recursos de quem viveu e superou as experiências de sofrimento.

Se pensamos, por outro lado, que é possível reconhecer e impulsionar as competências individuais e grupais e que os recursos sociais (como são os operadores da saúde mental) podem reforçar as resiliências de pessoas, famílias e culturas, afirma-se a capacidade de exercitar um permanente olhar sobre as competências, o fator de resiliência mais importante, que podem aportar os operadores. Mas não apenas isso: com ênfase nos desvios, corremos o risco de não ajudar a construir as narrativas coerentes, com significados dignificantes, que poderiam produzir fortalecimento.

Quem trabalha com problemas de violência familiar, abusos, dependências, maus-tratos em geral, às vezes, também se "rompe" e "adoece" como pessoas e também como grupos, equipes, centros de atenção. Se os operadores podem pôr em prática os conselhos de Froma Walsh e outros autores que aprofundam o tema resiliências familiares, e podemos nos distanciar dos déficits (da clientela, de nós mesmos, de nossas teorias e técnicas), centrando-nos no desenvolvimento de nossas competências, essa mudança de paradigma se converte num fator importante de nossas próprias resiliências.

Estamos aprendendo gradualmente o que, em verdade, ajuda nossa clientela. Muitas vezes, aprendemos com eles mesmos e, também, com quem foi vitorioso ao lidar com problemas e experiências semelhantes. Sabemos que não convém estigmatizar, nem fazer previsões redutoras das possibilidades das pessoas, que convém somar recursos e não promover, nem participar de rivalidades assistenciais – encontramos profissionais com dificuldades para somar esforços, que disputavam entre si a atenção dos casos em vez de se ajudarem.

A metáfora da resiliência permite-nos ampliar os enfoques terapêuticos para enfoques psicossociais e ganhar em humildade, buscando alianças de redes ampliadas, em lugar de culpados a quem castigar. A ilusão de uma teoria ou setor profissional *mais ou melhor* que outros não nos ajuda a somar.

Este livro é um exemplo da intenção de somar e trocar boas idéias que nos abram o horizonte sobre nossa própria posição neste campo. Como exemplo, no terreno da violência, vemos que as mulheres e os homens violados se beneficiam notavelmente quando entram em contato com pessoas que confirmam sua capacidade de haver defendido e salvado suas vidas (narrativa coerente dignificante), quando podem compartilhar a convicção de que a experiência vivida tem a ver com a violência, mais do que com a sexualidade e que nada do que fizeram provocou a ação violenta de seus agressores. O exemplo serve para muitas outras situações de sofrimento e desestabilização.

Para concluir: poder ajudar a construir a partir da adversidade nos envolve enquanto profissionais, também temos que pensar e imaginar modos construtivos de processar as experiências.

REFERÊNCIAS

Abney, V.; Cunn, K. (1991): *"Culture. Rationale for cultural competency"*, The APSAC Advisor, vol. 1.

Ahrons, C. (1994): *The good divorce, keeping your family together when your marriage comes apart*, New York, Harper Collins.

Arón, A. M. (1992): "Un modelo de salud mental comunitaria en Chile", en *Ciencias sociales y medicina: perspectiva latinoamericana*, Santiago de Chile, Editorial Universitaria.

Ausloos, Guy (1998): *Las capacidades de la familia. Tiempo, caos y proceso*, Barcelona, Herder.

Benard, B. (1992): "Creating change requires. Vision, interaction", *Western Center News*, vol. 5, n° 2, março de 1992.

Bronfenbrenner, U. (1979): *The ecology of human development*, Cambridge, MA, Harvard University Press, 1979. [Ed. cast.: *La ecologia del desarollo humano*, Barcelona, Paidos, 1987.

Dugan, T.; Coles, R. (eds.) (1989): *The child in our times: Studies in the development of resilienry*, New York, Brunner/Mazel.

Felsman, J. K.; Vaillant, G. (1987): "Resilient children as adults: A 40 year study", en J. Anthony; B. Cohler (eds.), *The invulnerable child*, New York, Guilford Press.

Garmezy, N.: "Stress, competence, and development: Continuities in the study of schizophrenic adults, children vulnerable to psychopathology, and the search for stress-resistant children", *American Journal of Orthopsychiatry*, 57, 159-174.

────── . (1991): "Resiliency and vulnerability to adverse development outcomes associated with poverty", *American Behavioral Scientist*, vol. 34, 416-430.

Garmezy, N.; Rutter, M. (eds.) (1983): *Stress, coping, and development in children*. New York, McGraw-Hill.

Genijovich, E.: Comunicaciones personales, talleres sobre *"Los tesoros ocultos de las familias"* y *artículos ineditos como "Family Justice Trainers Manual* (Manual para Entrenadores en Justicia Familiar)", 2001.

Gergen, K. (1996): "La construcción social, emergencia y potencial", en Marcelo Pakman (comp.), *Construcciones de la experiencia humana*, Barcelona, Gedisa.

Helmreich, W. B. et al. (1992): *Holocaust survivors and the successful lives they made in America*, New York, Simon & Schuster.

Hill, R. (1949): *Families under stress*, New York, Harper.

Krauskopf, D. (1996): "El fomento de la resiliencia durante la adolescencia", *Revista Pro Niño*, Fundación Paniamor, vol. 2, n° 6, San Jose de Costa Rica.

Minuchin, S. (1992): *Family healing: Strategies for hope and understanding*, New York, Macmillan.

Molina Loza, C. A. (1998): *Chaves para uma terapoitica da familia*, Belo Horizonte, ArteSa.

Omer, H. (2000): *Parental presence. Reclaiming a leadership role in bringing up our children*, Phoenix, Zeig, Tucker & Co.

Pynoos, R.S. (1993): *Posttraumatic stress disorder. A clinical review*, Sydrou Press, Lutherville.

Reiss, D.; Oliveri, M. (1989): "Family paradigm and family coping: A proposal for linking the family's intrinsic adaptive capacities to its responses to stress", *Family Relations*, 29, 431-444.

Rutter, M. (1985): "Resilience in the face of adversity: Protective factors and resistance to psychiatric disorder", *British Journal of Psychiatry*, 147, 598-611.

Seligman, M. (1990): *Learned optimism*, New York, Random House.

_____ . (1995): *The optimistic child*, Boston, Houghton Mifflin.

Sluzki, C.E. (1993): "Le réseau social: Frontiére de la thérapie systémique", *Thérapie familiale*, vol. 14, n° 3, 239-251, Ginebra.

Soriano, M.; Tara, P. (1995): "Multicultural assessment of family risk and resilience (MAFRR)". Basado en un informe presentado en la American Multicultural Counseling & Development Summit, "The Anatomy of Family Assessment", 20 e 21 de outubro de 1995.

Thatchenkery, T. (1999): *"Appreciative inquiry as shifting conversations: a case study on the power of reframing"*, trabajo presentado en "Social Construction and the Relational Practices International Conference", New Hampshire. 1999.

United States Air Force: *Youth At Risk Training*. Youth at Risk Training Program, California State University, Los Angeles. 1996.

Vanistendael, S. (1996): *Resiliencia: capitalizar las .fuerzas del individuo*, Buenos Aires, Secretariado Nacional para la Familia, Oficina Internacional Católica para la Infancia (BICE).

Walsh, F. (1998a): *Strengthening family resilience*, New York-Londres, The Guilford Press.

_____ . (1998b): "El concepto de resiliencia familiar: crisis y desafio", *Sistemas familiares*, ano 14, n° 1.

Wolin S.; Wolin S. (1993): *The resilient self: how survivers of troubled families rise above adversities*, New York, Villard.

Zander, R.; Zander, B. (2000): *The art of possibility*, Boston. Harvard Business School Press.

Gevinovich, E.: Comunicações pessoais, oficinas sobre *"Os tesouros ocultos das famílias"* e artigos inéditos como *"Family Justice Trainer´s Manual* (Manual para Treinadores em Justiça Familiar)", 2001.

Soriano, M.; Tara, P. (1995): *"Multicultural assessment of family risk and resilience (MAFRR)"*. Baseado em informe apresentado no American Multicultural Counseling & Development Summit, "The Anatomy of Family Assessment", 20 e 21 de outubro de 1995.

6

RESILIÊNCIA E EDUCAÇÃO

Aldo Melillo

Aquele que fracassa, para nós, é alguém a quem algo pode acontecer: Aquele a quem nada pode acontecer é o que chamamos de vítima. Esta é a diferença entre um menino pobre e um pobre menino. A compaixão e a piedade pelas vítimas tiram de nós a responsabilidade de pensar naquilo que possa fazer de alguém outra coisa radicalmente diferente do que ele é.

Estanislao Antelo,
A educação que faz falta (2000).

INTRODUÇÃO

Vivemos em uma época em que as estruturas tradicionais da solidariedade se deterioraram, em que as famílias estão acossadas por seus problemas estruturais e, além disso, em que os desafios de uma sociedade com inserções profissionais precárias ou inexistentes estão cada vez maiores. Por isso, "as escolas devem se tornar lugares onde professores e alunos convivem, conversam e se divertem juntos [...] É óbvio que os alunos trabalharão e farão mais coisas [...] para os professores de quem mais gostam e em quem mais confiam".

> Além da relação entre professor e aluno, a criação de um clima geral de solidariedade na escola faz surgir as oportunidades para relações benéficas entre os estudantes, entre os professores e entre os professores e os pais. Uma ética da solidariedade não é nem um "programa", nem uma "estratégia", mas uma maneira de ser, de se relacionar com a juventude, sua família e consigo próprio, com uma mensagem de [...] compreensão, respeito e interesse. Também é fonte da qual emanam outros fatores de proteção (Benard, 1996).

Por tudo isso, a questão da educação se torna central quanto à possibilidade de fomentar a resiliência das crianças, para que possam enfrentar seu crescimento e inserção social de modo mais favorável para eles mesmos e mais próximo a seu bem-estar e felicidade.

O conceito de *resiliência*, definido como a capacidade, de pessoas ou grupos, de enfrentar as adversidades da vida com êxito, e até sair fortalecido delas, propõe:

> [...] um *desafio aos paradigmas tradicionais* quanto à forma de abordar os problemas e sofrimentos humanos. Enquanto o olhar tradicional enfoca o trauma, os danos, problemas, as limitações, carências e os "desvios", elaborando diagnósticos cada vez mais complexos, no afã de encontrar causas e conseqüências, assim como metodologias de correção do desvio (com respeito a um eixo de "normalidade") ou do "sintoma", a proposta da resiliência consiste em enfocar e enfatizar os recursos de pessoas e grupos sociais para "seguir adiante" (M. C. Ravazzola, p.113).

Porém, como todo o desafio paradigmático, mais do que trazer novas certezas, tem o incomensurável valor de abrir múltiplas interrogações.

É importante assinalar as críticas que recebeu o conceito de resiliência. Uma delas é que, por vir dos países centrais e defender a possibilidade de que as crianças e/ou jovens que sofrem as adversidades da pobreza podem vencer e sair favorecidos, parece um conceito funcional pela manutenção das condições políticas, econômicas e sociais que geram a feroz extensão da pobreza e a exclusão social de tanta gente. Se realmente alguém pensa assim, cabe-lhe então a responsabilidade de argumentar. Outros enfatizam as determinações genéticas para absolver de responsabilidade as condições estruturais de pobreza, impostas pela globalização e pelo neoliberalismo. O que pensamos é que poder explicitar as carências, que sofrem os afetados por essas condições sociais, permite estabelecer modos de compensá-los, assim como se compensa o déficit alimentício, para evitar danos irrecuperáveis. O conceito de resiliência permite gerar condutas dos responsáveis e formular políticas que, facilitando o desenvolvimento sadio de crianças e adolescentes, possam assentar as bases humanas para uma transformação positiva da realidade social.

Definido o conceito, enumeradas as características de pessoas, famílias e grupos sociais resilientes, obviamente anteriores ao conceito, e pensada a possibilidade de sua promoção, surge a primeira pergunta: *É possível que haja promoção da resiliência sem que se utilize explicitamente tal conceito?* A teoria e a prática dizem que sim, que geralmente os pais constroem resiliência quando mantêm com crianças ou adolescentes uma relação baseada no amor incondicional (o que não significa falta de limites adequados), que se expressa em seus atos, quando favorecem a auto-estima e a autonomia, estimulam a capacidade de resolver problemas e de manter um bom astral em situações adversas e instalam um clima de afeto e alegria. Também acontece no caso de professores ou pessoal da equipe de saúde, quando incluem em sua tarefa condutas como as mencionadas, quando se preocupam, mais do que com seu trabalho, com os destinatários.

Nesse sentido, utilizaremos o conceito de resiliência como um *dispositivo analisador* da instituição pesquisada, estendendo livremente o conceito de analisador, como o descreveram R. Lourau (1975) e G. Lapassade (1980) em suas análises de instituições. Eles denominavam analisador ao que permite revelar a estrutura da instituição, provocá-la ou obrigá-la a "falar", e se referiam basicamente a indivíduos. Em nosso caso, trata-se de um conceito que, introduzido no exame de um programa ou instituição, permite sua avaliação.

Então, recorrendo ao conceito de resiliência como dispositivo analisador, revisaremos várias experiências educativas para determinar seu valor como geradoras de resiliência, para culminar com algumas propostas sobre a vantagem da introdução explícita do conceito na criação dos projetos educacionais e na formação dos professores.

ALGUNS EXEMPLOS

As colegas Mirta Estamatti, Alicia Cuevas e eu ficamos sabendo de uma escola de um bairro carente que, com uma nova diretora e ao longo dos anos mostrara uma profunda e positiva transformação, o que nos levou a investigar minuciosamente esse processo para ilustrar um uso espontâneo da promoção da resiliência, a partir de outros conceitos que sustentaram a tarefa e o resultado exitoso.

> Quando chegamos, fomos recebidos por Marta, a professora de desenho, que nos conta (já sabíamos) que a diretora havia mudado a escola. O colégio estava limpo e os alunos bem vestidos e calçados, apesar da miséria do bairro.
> Marta contou que, ali, não há problemas sérios de conduta, o que vê com mais clareza porque ensina em outro colégio, num bairro de classe média, onde termina seu trabalho esgotada, diferentemente dessa escola, "onde as crianças são carinhosas e educadas".
> A diretora, Victoria, termina uma entrevista para uma emissora de TV e nos convida a passar para seu gabinete. Dizemos que já sabemos um pouco a respeito dela, que se fala que obteve uma evolução muito positiva da escola e que nos interessa saber como conseguiu.
> Sorrindo, responde: "Há uma política educativa que abrange toda a pedagogia, mas cada escola tem uma marca própria que a distingue. Quando cheguei, havia dois conflitos, um com o pároco e outro com um grupo de professores. Escutei todo mundo e comecei a entender o lugar. Eles falavam das crianças e as rotulavam: diziam 'pobrezinhos... além dos problemas que têm, a senhora ainda pretende exigir deles'. E eu respondia: 'pobrezinhos nada! Prefiro que exijam mais deles, se lhes pedem menos os subestimam e é melhor que lutem para ter um desempenho digno... se rendem menos, a gente analisa quanto isso pode se dever à carência alimentar e quanto se deve ao abandono, por falta de socialização'. Não é verdade, como dizia o padre, que nada entra na cabecinha deles; me criticou muito quando cheguei, me dizia que tinha uma organização militarizada, que cobrava sem compaixão e que as crianças tinham graves ca-

rências em casa. A verdade é que, antes de ser diretora, fui vice e, antes, professora, ou seja, conheço o ofício; e aprendi muito com minha diretora: ela era muito organizada e dava grande importância à disciplina. Com ela, aprendi o que era a mínima organização indispensável para trabalhar, disciplina para poder realizar a tarefa, não a disciplina por si mesma. Sim, me criticaram muito, me diziam que aplicava um regime militar e por que diziam isso? Porque mandava notas de horários, de organização, método, pedia aos pais que trouxessem as crianças para a escola na hora certa, que estivessem de sapatos. Sempre que acontecia algo mandava um bilhete. Era muito fácil para os pais depositarem as crianças na escola e esta que se virasse".

Ou seja, Victoria encontrou uma escola em que os pais "depositavam" seus filhos de modo anárquico (alguns nem sequer estavam matriculados), sem respeitar horários ou regras. E os professores, como o padre, tratavam as crianças com uma mistura de desesperança e piedade: *viam no aluno a criança pobre, em vez de ver na criança pobre o aluno.*

Segundo Jean Yves Rochex (2000), especialista francês em educação em zonas de alto risco, ante a evidência de que metade das crianças pobres fracassa na escola, passa-se da simples correlação a uma explicação: a pobreza é a causa do fracasso. Por esse caminho, na década de 1960, nos Estados Unidos, observou-se uma correlação semelhante entre os negros e o fracasso escolar, dado que serviu para que pesquisadores incompetentes e tendenciosos dissessem que as crianças negras iam mal porque eram menos inteligentes. Porém, se metade das crianças pobres fracassa, quer dizer que a outra metade, igualmente pobre, vai bem. Como se explica isso? A resposta de Rochex remete à escola que encontraram. A variável que muda é a escola e o professor que encontram. Suas soluções para o problema, do ponto de vista pedagógico: os alunos se serviram da escrita para aprender e pensar de um modo diferente do da oralidade; também propôs incentivar a passagem de uma lógica de ensino a outra, de estudo e aprendizagem. Atuando desse modo, evolui-se de um sujeito-aluno passivo a um que desempenha um papel ativo.

Voltando à escola do exemplo e aplicando a idéia de resiliência para analisar o que nela ocorre, diremos que sua política inclui uma mistura equilibrada de exigências e afeto. A exigência significa que se confia, em primeira instância, na capacidade de aprendizagem da criança e localiza o professor no lugar de alguém que quer ajudá-lo na tarefa: é alguém com quem a criança pode contar, que lhe reconhece a capacidade potencial de aprender. Em termos de resiliência, promovem-se na criança o *sou* (*capaz*), o *tenho* (*alguém que me ajuda*) e o *posso* (*aprender*). Como veremos, o componente afetivo no trato com as crianças é parte inseparável da exigência, porque engloba piedade e recorre à alegria de um amor estimulante.

> Algumas técnicas de controle de situações revelam uma interessante criatividade. Por exemplo, Victoria nunca repreende a conduta de uma criança quando está a sós com ela; o faz quando estão todos reunidos no pátio, com o que consegue

limitar determinados comportamentos e preserva o âmbito afetuoso da relação pessoal. E o mesmo faz com os professores, salvo quando se trata de alguém que não se adapta a seu estilo pedagógico.

Quando fica sabendo que uma criança sofre abuso, fala a todos em geral, ensinando-lhes como fazer para não passar por isso: contar, brigar, lutar. Depois, pede aos professores que retornem à aula.

Trata-se de preservar o vínculo positivo com cada um, em separado, para que os alunos saibam que têm, no professor e em sua diretora, pessoas que lhes querem bem e os respeitam como seres humanos, sem deixar de lhes dar os limites necessários.

Também a palavra *compromisso* faz parte inseparável da implementação dessa política, mas não apenas para os educadores: também para pais ou responsáveis. Assim, conseguiu com que as crianças, que tinham aparência de estudantes apenas no terceiro ano, a tivessem desde pequenas. Soube aproveitar o entusiasmo das crianças, para ir a uma piscina no verão, para motivar seus pais a levarem-nas ao dentista para prevenir cáries. Esse tipo de ação é estimuladora da resiliência por revitalização do vínculo com os pais, com a mútua visualização de poder dar e receber ajuda e estímulo.

Para renovar o interesse dos professores em seu trabalho, realizava encontros de estudo e os incentivava a se reunirem informalmente na escola, para gerar um clima de companheirismo.

Na escola, há cartazes de crianças e de professores, que estimulam a solidariedade, o afeto, a compreensão e o lugar do outro, a autonomia, etc., como um modo de comunicação geral que se completa com um sistema de correio interno que transmite iniciativas e problemas. A sensação é a de que, na escola, sempre há um modo de contar com o outro, para ser ajudado.

É importante esclarecer que, para nós, seria um erro simplificar a evolução da escola, atribuindo-a a uma simples questão de disciplina e exigência. O âmbito afetivo, de compromisso e dedicação dos professores, ofereceu o estímulo que as crianças precisavam para desenvolver suas potencialidades. Isso nos leva a pensar que a introdução do conceito de resiliência completa e enriquece qualquer enfoque pedagógico.

Outro exemplo: numa escola que tinha um sistema de tutorias, para solucionar os problemas de conduta, sem recorrer a advertências e suspensões, foi estabelecido um sistema de tratamento dos problemas através de instâncias sucessivas: começavam com uma comissão de aula, formada por professores, preceptores e alunos, que discutiam em conjunto, os problemas de disciplina. A presença dos alunos gerava rapidamente um caminho de solução que, via arrependimento, desculpas, explicações, etc., dissipava o conflito e produzia uma experiência de convivência pacífica. Para as situações mais complicadas, instâncias superiores podiam incluir as autoridades máximas do colégio, mas também havia alunos.

Assim, conseguiram manter a disciplina, sem sanções, a partir do reconhecimento nos alunos da capacidade de resolverem problemas com autonomia e responsabilidade, sentindo a confiança de professores e preceptores e a possibilidade de se responsabilizarem por seus atos. Nesse caso, veremos como atuam as fontes interativas da resiliência, as que descreveu Edith Grotberg a partir do *tenho, estou e posso,* que fundam uma auto-estima sólida e vínculos interpessoais positivos.

A MEDIAÇÃO NA ESCOLA

S. Vanistendael (2000) relata a importância da instalação em escolas dos Estados Unidos e da França do procedimento da mediação entre pares, como um procedimento não-violento de resolução dos conflitos. Começa-se com alunos que aceitam, voluntariamente, treinamento para serem mediadores, participando de diversos exercícios nos quais aprendem a admitir que sempre pode haver outro ponto de vista, igualmente legítimo e respeitável.

Por meio de trocas de papéis, lida-se com diversos conflitos, para os quais devem ser encontradas, com imaginação e criatividade, resoluções não violentas. Começam então a atuar na realidade, quando se produzem enfrentamentos entre alunos mais jovens. O resultado, em múltiplos estudos, é bastante alentador: a taxa de resolução de conflitos vai de 80 a 95%. Três quartos dos adversários acreditam que teriam brigado violentamente sem a mediação.

O que aconteceu? Várias coisas: estimula-se a auto-estima dos mediadores (são pares dos alunos que mediam) e se incrementa sua capacidade de relação com o mundo, de um modo não-violento; os que recebem a mediação recompõem seu vínculo com os outros, que eram fonte de conflito, e visualizam no mediador um recurso de auxílio disponível para necessidades futuras; as condutas estabelecidas e aprendidas estendem-se aos vínculos com seus irmãos e pais.

Além disso, como "efeitos secundários" positivos, podemos perceber a melhora da auto-estima, o aumento do sentimento de bem-estar e de controle sobre o próprio destino, diminuindo a ansiedade, aumentando a solidariedade entre os alunos e, inclusive, melhorando o rendimento escolar. Trata-se de um exemplo claro de construção de resiliência.

EDUCAÇÃO DE ADULTOS E RESILIÊNCIA

Trataremos aqui do trabalho de Hilda Santos (2000) sobre o papel da educação de adultos como fator de promoção da resiliência, no qual se expõe:

> [...] os problemas da sociedade atual [...] dificultam e impedem a satisfação das necessidades básicas e colocam o sujeito, com freqüência, em situações de dete-

rioração e isolamento, com a sensação de impotência para enfrentá-los e tentar resolvê-los. A sociedade é percebida como um lugar cada vez mais inóspito, o "outro" pode ser visto como um inimigo potencial e os laços de desconfiança se instalam nas relações sociais no bairro, na oficina, no trabalho.

É aí que a educação desses adultos, sobretudo dos mais desfavorecidos socialmente, pode ajudar muito a amenizar e a superar os problemas, partindo do pressuposto de que são eles que costumam ter sofrido déficit na educação infantil.

São várias as funções que cumpre a educação do adulto, em tais circunstâncias:

- *Função compensatória* para aquele que nunca foi à escola ou para quem os estudos ficaram incompletos. Essa "segunda oportunidade" compensa a carência escolar, produto da desigualdade social, reorganiza sua vida com o novo projeto e a leitura-escrita lhe permite se reintroduzir, de outra forma, no mundo. Às vezes, pode realizar aprendizagens, como as artísticas, que, em outra etapa da vida, eram consideradas secundárias.
- *Função assistencial*, quando a instituição educativa oferece apoio às carências básicas como alimentação, saúde, moradia, etc.
- *Função de atualização profissional* diante de constantes mudanças no mercado, que exigem a acelerada transformação técnica, em virtude do desaparecimento de antigas fontes de trabalho e o surgimento de novos empreendimentos.
- *Função estimuladora da expressão*. "O estímulo da expressão do adulto, em suas diferentes formas – escrita, oral, plástica –, para comunicar suas opiniões, pontos de vista, emoções, percepção de situações, etc., produz um melhoramento nas formas de comunicação" (Santos, 2000), que chega à sua vida cotidiana. Talvez seja aí onde se nota mais claramente a promoção de resiliência, pelo *feedback* positivo que implica.
- *Função estimuladora da reflexão e acesso ao conhecimento*, quando o processo educativo parte da análise de processos, fatos e fenômenos da realidade relativos ao sujeito. Isso lhe dará maior riqueza cognitiva para compreender a realidade, analisar seus problemas e tomar decisões.
- *Função de integração social*, quando a participação no grupo de educandos reaviva o laço social.
- *Função de estimulação do desenvolvimento pessoal*, que atravessa todas as outras funções e propicia maior autonomia, aumenta os intercâmbios afetivos e sociais, descobre novos papéis e incrementa a auto-estima. O adulto sempre pode aprender e retomar sua educação, em qualquer momento de sua vida. Isso resultará, certamente, em uma promoção de sua resiliência e na capacidade de superar os aspectos negativos de sua existência.

O EFEITO "BOLA DE NEVE"

Para compreender os múltiplos efeitos que produz uma política educativa para gerar algum tipo de estímulo da resiliência, citaremos o estudo de E. Ziegler, C. Taussig e K. Black, "Early childhood intervention, a promising preventive for juvenile delinquency" (1992). Ele nos mostra, através do que os pesquisadores chamam de efeito "bola de neve", como um projeto destinado a evitar o fracasso escolar na infância, cujo objetivo primário era melhorar as relações entre pais e filhos, teve um efeito agregado imprevisto: os profissionais trabalhavam num bairro pobre, de risco, e, em dez anos de funcionamento do programa (exitoso quanto ao objetivo primário), a taxa de delinqüência juvenil do bairro era quatro vezes menor do que em outro igualmente pobre, onde não se combatia o fracasso escolar. Além disso, os pais se sentiam orgulhosos da união familiar instalada em seus lares e do comportamento dos filhos, a quem incentivaram a ter aspirações pessoais mais altas, para saírem da situação de pobreza. Nada disso se observava nos pais do outro bairro.

O PROGRAMA ZAP NA CIDADE DE BUENOS AIRES

Zonas de Ação Prioritária (ZAP) é o nome que recebem as zonas da cidade que registram maiores índices de pobreza e carências. Portanto, são objeto de um tratamento especial, do ponto de vista social, sanitário e educativo. Nesse sentido, se implementou o programa ZEP (Zona Educativa Prioritária) chamado "Professor de ensino fundamental + professor de ensino fundamental = maior sucesso escolar".

Parte-se da idéia de recolocar o tema

> do fracasso escolar como um problema *também* pedagógico, sem ignorar a intervenção das variáveis sociais e individuais em sua produção [...] Para isso, é indispensável aceitar dois pressupostos: em primeiro lugar, que não existem determinações "essenciais" (classe social, quociente intelectual) que estabeleçam o fracasso escolar. Portanto, podem ser pensados modos de intervenção políticos e pedagógicos sobre esses problemas. Em segundo lugar, que as condições de escolarização têm impacto sobre as trajetórias escolares dos alunos, aumentando ou diminuindo sua oportunidade de aprender.

Ou seja, como se afirma em outro trecho

> o fracasso de muitas crianças [...] começa a não ser mais visto como um estigma, mas como uma construção da qual todos participam – e na qual têm responsabilidade – e onde o professor e a instituição desempenham papel fundamental. Assim como o fracasso é uma construção, também se começa a pensar que o bom desempenho das crianças é outra construção, que diz respeito igualmente a todos e que há estratégias possíveis para alcançá-lo.

Nesse programa, recorreu-se a um tipo de *shock* de assistência técnica e de capacitação dos professores do ensino fundamental que trabalhavam nas zonas de alta complexidade, a quem se somou um conjunto de professores de ZAP, contratados e capacitados para ajudar e substituir os colegas que tinham que freqüentar cursos e oficinas de capacitação, incluindo no grupo professores de educação especial e recuperação. Grande parte da capacitação era em serviço e especialistas davam aulas gravadas e discutidas. Incluiu-se um subprojeto de residência dos professores do ensino fundamental e outro de conversão das bibliotecas escolares em centros multimídia.

As velhas e repetidas expressões do tipo "não posso com essas crianças", "por que logo eu tenho que ficar com as piores?", "minha escola recebe as crianças mais carentes" tiveram não apenas um espaço de contenção da angústia, como também um espaço de crescimento e reflexão por meio de ampla assistência técnica e humana recebida.

Se os fins eram diminuir o abandono e a repetência no ensino fundamental, tratou-se de constituir um novo *habitus profissional*, trabalhando sobre as especificidades da prática docente em todas as instâncias da formação. Era necessário abordar problemas específicos da prática docente nessas escolas, que exigia a construção de um trabalho teórico: sobriedade, capital cultural prévio, expectativas de rendimento de pais, professores e alunos (efeito Pigmalião), carência de âmbitos sistemáticos de reflexão, compartilhada por professores e diretores, analfabetismo ou semi-analfabetismo dos pais, a concepção da criança-aluno "normal".

Para nosso propósito, a melhor maneira de avaliar a experiência é transcrever a opinião dos supervisores: "Posso afirmar que a experiência, em geral, é muito positiva e desejaria dar continuidade a ela no próximo ano. Beneficiou bastante um grupo de crianças com sérias dificuldades na aprendizagem, até o ponto de poder afirmar que recuperaram a possibilidade de acompanhar os colegas. A experiência é proveitosa e mantê-la é um grande passo para prevenir o fracasso escolar". Ou "Os professores se inseriram positivamente nas instituições escolares e cumprem sua tarefa com compromisso [...] as dificuldades que surgem vão sendo resolvidas, em um processo de mútua aprendizagem".

Para os professores, os êxitos foram: "Melhorou a auto-estima das crianças, notou-se grande entusiasmo, mesmo entre as que não atingiram as metas propostas. Houve grandes avanços na leitura e na escrita". "Sinto-me muito orgulhosa e satisfeita de ter trabalhado nesse projeto e da equipe de trabalho que se formou em minha escola. Espero que continue no próximo ano." "Este projeto permitiu atender as necessidades das crianças com dificuldades, e também as necessidades de capacitação dos professores."

Também constatou-se, em algumas escolas, como os pais esperavam a chegada do professor de ZAP com alegria, pelo benefício que isso significava para a aprendizagem de seu filho.

Se está claro o benefício pedagógico para as crianças e sua inclusão num caminho de êxito na escolarização, se os professores se sentem estimulados para a tarefa e realizados em sua vocação e se os pais têm esperança a respeito do futuro dos filhos, qual o papel da construção de *resiliência* nesse processo? É produzido? Por que é produzido?

Os professores destacam que a resiliência em crianças aumenta quando sua auto-estima aumenta, que suas capacidades cognitivas crescem e são impulsionados pela tarefa criativa da aprendizagem. Há mais dados: a possibilidade de integração coletiva é maior, aprendem a se relacionar com os outros (colegas e professores), sentem que têm quem lhes ajude em suas dificuldades, dando-lhes novas oportunidades. Percebem que suas reais condições de vida são consideradas, sua diversidade cultural é atendida e a aprendizagem começa relevando fatos concretos, nos quais estão inseridos. Sentem-se seres significativos para os outros, que valorizam seus êxitos, sentem que poderão encontrar alguém que os ajude, quando for necessário. É fácil inferir, a partir disso, que a projeção do programa educativo analisado transcende o exclusivamente pedagógico, adquire uma dimensão superior, porque implica um desenvolvimento humano integral.

Talvez não estejam muito contempladas, pelo menos no exposto até aqui, as possibilidades de atuar sobre os pais, atraindo-os e comprometendo-os no processo de desenvolvimento dos filhos. (Em 2001, a Secretaria de Educação fez uma ampla convocação aos pais para obter deles maior compromisso com a escolarização de seus filhos.) Há experiências (citadas neste capítulo) que mostram que um programa dessa índole gera, ao longo do tempo, efeitos sociais muito positivos, pois diminui as patologias sociais, fruto da pobreza, exclusão e dissolução dos vínculos: está provado que a delinqüência juvenil diminui à medida que aumentam as possibilidades de desenvolvimento sadio dessas crianças, sobretudo quando envolvem os pais.

Não se pode deixar de mencionar a recuperação vocacional e técnica dos professores e demais profissionais da escola, a recuperação da mística tarefa que obriga a se sobrepor à adversidade, defendida pela sociedade atual. Se hoje a política não consegue reverter a deterioração social gerada pela globalização e pelo neoliberalismo, essa tarefa, a partir das bases de uma cidadania em recuperação, de gestão participativa e solidária, poderia assegurar um futuro para uma democracia de maior alcance social.

Como síntese ilustrativa do projeto em análise, transcreveremos algumas pautas para a iniciação da leitura-escrita, segundo uma tendência socioconstrutiva, vinculando-as com a construção de resiliência.

PAUTAS PARA A INICIAÇÃO DA LEITURA-ESCRITA NUMA TENDÊNCIA SOCIOCONSTRUTIVA	COMO CONTRIBUEM PARA CONSTRUIR A RESILIÊNCIA
Considerar o entorno social e cultural a que pertencem os alunos e respeitar a diversidade.	Gera reconhecimento de cada criança e nutre sua auto-estima.
Gerar uma atmosfera de intercâmbio e de colaboração para a construção social do conhecimento	A criança sente que tem pessoas que a ajudam quando necessita aprender e promovem sua capacidade de se relacionar.
Promover as condições para a prática cotidiana da linguagem falada e escrita.	O mesmo que o item anterior.
Estimular os alunos a se expressarem com outras linguagens, como brincadeiras, dramatizações, desenhos, etc.	Promove-se a iniciativa e a criatividade das crianças, recriando um clima lúdico para a aprendizagem.
Construir, junto com as crianças, um ambiente que desperte a necessidade de utilizar a leitura-escrita (agenda, calendário, cartazes, acordos para a convivência, local de leitura e de assistência e a biblioteca da aula).	Estimula a capacidade de se relacionar, para construir solidariamente um ambiente para sua aprendizagem.
Estabelecer uma relação fluente com a família, pedindo que leiam para as crianças, especialmente histórias, e que lhes permitam relacionarem-se com o material escrito.	Compromete os pais com a aprendizagem da criança, que sente que também tem sua ajuda e estímulo. Alimenta sua auto-estima.
Respeitar o conhecimento que as crianças trazem para a escola e oferecer-lhes ajuda para construir novos conhecimentos sobre a língua escrita.	Faz com que a criança se sinta uma pessoa apreciada e respeitada pelo outro, o que gera confiança e auto-estima.
Aproveitar as diferenças e o desconhecimento dos alunos para que os mais adiantados ajudem seus companheiros.	Faz com que as crianças sintam que se espera delas o aprendizado de seu próprio desenvolvimento, a possibilidade de buscar a maneira de resolver os problemas, relacionando-se com seus pares solidariamente.

O PLANO PROVINCIAL "ADOLESCÊNCIA, ESCOLA E INTEGRAÇÃO SOCIAL" NA PROVÍNCIA DE BUENOS AIRES

O plano provincial "Adolescência, Escola e Integração Social" respondeu à necessidade de efetuar uma reflexão que, no compromisso cotidiano com os setores mais vulneráveis do sistema educacional, criasse um espaço de verdadeira e efetiva consideração sobre realidades, problemáticas e projetos referentes à adolescência, em risco de exclusão social. Uma pesquisa para identificar experiências institucionais relativas a essa problemática, nos dois últimos anos, registrou inscrições de 1.500 escolas.

Nossa assistência ao Primeiro Congresso Provincial em Villa Gessel, realizado entre 30 de novembro e 1 de dezembro de 2000[1], continuou com uma reunião de prosseguimento dos programas, em abril de 2001, na mesma localidade.

Recorrendo ao conceito de resiliência como analisador das experiências que pudemos examinar, cremos que todas representam processos positivos nesse sentido. Vejamos as seguintes experiências:

- Na escola da Educação Média 205 de Monte Grande, desenvolveu-se um projeto denominado "Acampemos na Solidariedade", que a partir da utilização do conceito exposto por Nieves Tapia (2000), da "solidariedade como aprendizagem": realiza acampamentos em diversos pontos da Argentina e fez, por exemplo, no Jardim de Infância 906 de Villa Ventana, tarefas de limpeza e pintura, em contato com a comunidade do povoado e com a natureza que o rodeia. Entre os resultados obtidos, destacam-se o fortalecimento da iniciativa pessoal, a alegria e a satisfação pela tarefa cumprida, a valorização da vida sadia, o reconhecimento da ajuda solidária como um fato natural para a formação do sujeito social, a valorização de condutas que beneficiam a convivência social, o desempenho independente e responsável, a reorganização do tempo ocioso, a reivindicação dos atos solidários, etc. Em palavras dos alunos: "sonho realizado", "sem álcool se pode passar bem", "deixando de lado as diferenças", "trabalho em equipe", "ser solidário com desconhecidos", etc.
- Na EGB 19 de Ituzaingó, enfrentou-se uma problemática de violência, de maus-tratos, de presença de navalhas, correntes, etc., na instituição, com uma proposta que incluiu, entre outras medidas, obter que os alunos fossem chamados pelos nomes e não mais por apelidos. Criou-se uma "caixa-preta": na entrada, os professores estendiam as mãos para que as crianças entregassem tudo o que fosse danoso, como cigar-

---

[1] Além do autor, colaboraram Mirta Estamatti e Alicia Cuestas, do CIER da Universidade Nacional de Lanús.

ros, objetos cortantes, etc., que eram guardados na caixa. Na saída, se pedissem, os objetos eram devolvidos; do contrário, ficavam expostos num quadro. Trabalhou-se para conhecer as famílias, seus costumes e origens, criou-se um estatuto de convivência em que os maiores ou mais capazes ensinavam os menores, conectaram-se com o Poder Cidadão, criou-se uma horta, etc. O dado seguinte ilustra o alcance do resultado: ao começar 1997, com 147 alunos matriculados, tiveram que realizar 27 chamadas para emergências; com 5 mil alunos, foram apenas quatro chamadas.
- Numa Escola de Olavarría, realizou-se um programa chamado "Marcas do passado", que consistia em destacar aspectos folclóricos da cultura local, em contato com a comunidade. O tema foi tratado em seminários e gerou resultados positivos, como menor evasão escolar, elevação da auto-estima, diminuição da violência, etc.
- Em outra escola da mesma cidade, implementou-se, através de líderes escolhidos, um sistema de mediação dos problemas entre pares, com êxito em seu controle.

Esses exemplos multiplicam-se, evidenciando processos que, ao considerar os alunos como atores individuais, acompanhados pelos professores, pelas famílias e, inclusive, pela comunidade, gerando resultados que comportam resiliência, além dos ganhos específicos assinalados.

AS ESCOLAS QUE ESTIMULAM RESILIÊNCIA

O relato a seguir baseia-se no trabalho de Bonnie Benard, *El fomento de la resiliencia em los ninõs* (1996), que tem a virtude de resumir muito claramente as características das escolas que estimulam a resiliência.

Pesquisas mostram que são as escolas que estabelecem altas expectativas para todos os seus alunos e as que lhes oferecem apoio para alcançá-las são as que têm altos índices de sucesso na tarefa pedagógica. O interessante é que também melhoram os índices de comportamento problemático (abandono dos estudos, abuso de drogas, gravidez precoce e delinqüência) em relação a outras escolas.

A comunicação das altas e positivas experiências em aula e na escola se estabelece em vários níveis.

> O mais óbvio e poderoso é o da relação do aluno com o professor e outros membros da escola, que o fazem acreditar em sua total possibilidade de obter êxito. Segundo Tracy Kidder (1990), "para as crianças acostumadas a pensar em si mesmas como burras ou indignas de reconhecimento [...] um bom professor pode oferecer uma revelação deslumbrante. Um bom professor pode dar a uma criança pelo menos a oportunidade de sentir que – alguém crê que sou uma pessoa digna de ser reconhecida –" (Benard, 2000).

Dessa maneira, instaura-se um tipo de relação com o aluno, estimuladora de sua *auto-estima*, ponto de partida para a construção da resiliência.

Até aí, a questão é a disposição do recurso humano da escola. Mas, também, sua estrutura e organização caminham na mesma direção. O plano de estudos que apóia a promoção da resiliência respeita a maneira como os alunos aprendem. Esse plano é temático, baseia-se nas experiências dos alunos, constitui um desafio e possui um caráter compreensivo, incluindo diferentes perspectivas, em especial as de grupos marginais; contempla uma ampla margem de estilos de aprendizagem; constrói-se com base nas percepções dos interesses e experiências dos alunos, o que os coloca no centro dessa nova experiência, sua educação; e é participativo e facilitador, impulsiona oportunidades contínuas para a auto-reflexão, o pensamento crítico, a resolução de problemas e o diálogo, com isso vamos nos afastando da "decoreba". As práticas de trabalho coletivo para a realização das tarefas também estimulam a resiliência, porque promovem a heterogeneidade e a inclusão, a cooperação, as responsabilidades compartilhadas e um sentimento de pertencer ao grupo. Finalmente, a avaliação deve considerar as múltiplas definições de inteligência, fomentando a auto-reflexão.

Nesse tipo de escolas, as oportunidades para ter uma participação significativa e maior responsabilidade no funcionamento são um resultado natural, partindo do pressuposto de que a participação, assim como a solidariedade e o respeito, é necessidade fundamental dos seres humanos. Vários reformadores educacionais crêem que, quando as escolas e os professores ignoram essas necessidades básicas dos estudantes, elas se tornam lugares expulsivos. Ao contrário, práticas como *fazer-lhes perguntas que fomentem o pensamento crítico e o diálogo (especialmente quanto a temas sociais atuais), fazer da aprendizagem uma experiência mais direta. Envolver os alunos no processo de formular o plano de estudos, usar estratégias participativas de avaliação, dar aos alunos oportunidade de criar as regras que governam a classe e usar recursos como: aprendizagem coletiva, ajuda aos colegas, uso de mentores de diferentes idades e de serviço à comunidade)* oferecem à juventude a oportunidade de colocar à disposição da comunidade seus talentos, fomentando todas as características da resiliência. Para concluir, podemos citar as palavras de Benard:

> [...] junto com outros estudos sobre temas educativos, a pesquisa sobre a resiliência oferece aos educadores um plano para criar escolas em que todos os alunos possam progredir, tanto social como academicamente. Essa pesquisa indica que, quando as escolas são lugares onde há apoio, respeito e a sensação de pertencer a um grupo, fomenta-se a motivação para a aprendizagem. O carinho mútuo e as relações baseadas no respeito são fatores críticos e determinantes para o estudante aprender ou não, os pais começarem e continuarem envolvidos com a escola, um programa ou estratégia surtir efeito positivo, uma mudança educativa ser de longo prazo e, por último, para que um jovem sinta que *tem* um lugar especial na sociedade. Quando uma escola redefinir sua cultura, construindo uma visão com um compromisso que se estenda à comunidade escolar inteira

e que se baseie nesses fatores críticos de resiliência, terá força para ser um "escudo protetor" para todos os seus alunos e um guia para a juventude de lares em perigo e/ou comunidades pobres.

REFERÊNCIAS

Antelo, E. (2000): *"La educación que hace falta"*, en Programa "Zonas de Acción Prioritaria", Secretaría de Educación, Gobierno de la Ciudad de Buenos Aires.

Benard, B. (1996): *El fomento de la resiliencia en los niños*, ERIC Digest.

Programa *"Zonas de acción prioritaria"* (2000), Secretaría de Educación, Gobierno de la Ciudad de Buenos Aires, documento intemo.

Lapassade, G. (1980): *Socioanálisis y potencial humano*, Barcelona, Gedisa.

Lourau, R. (1975): *El análisis institucional*, Buenos Aires, Amorrortu.

Rochex, J. Y. (2000): Reportaje concedido a *Clarín*, Buenos Aires (s.f.).

Santos, H. (2000): *"La educación de adultos como factor de resiliencia"*, trabajo presentado en el Coloquio "Resiliencia y Salud Mental, Educación, Derechos Humanos y Humor", en el CIER de la Universidad Nacional de Lanús.

Tapia, N. (2000): *La solidaridad como pedagogía*, Buenos Aires, Ciudad Nueva.

Vanistendael, S.; Lecomte, J. (2000): *Le bonheur est toujours possible. Construire la resilience*, Paris, Bayard Editions.

Ziegler, E.; Taussig, C.; Black, K. (1992): "Early childhood intervention, a promising preventive for juvenile delinquency", *American Psychologist*, vol. 47, n° 8.

7

RESILIÊNCIA: UMA PROPOSTA DE PESQUISA-AÇÃO PARA O DESENVOLVIMENTO DE ESTRATÉGIAS EDUCATIVAS

Ricardo Murtagh

INTRODUÇÃO

As linhas que se seguem foram escritas[1] com a intenção de realizar uma proposta de potenciais estudos relativos a medidas mais eficazes que, do ponto de vista social, devam e possam ser implementadas no contexto de políticas compensatórias, especialmente as que focalizem as maiores dificuldades observadas na escola de nível médio, de populações mais carentes. Essas medidas deveriam apontar uma unidade ou área de pesquisa-ação, centrada em determinar, da perspectiva das ciências sociais, as estratégias mais viáveis para acompanhar as políticas compensatórias de inclusão e retenção escolar, orientadas para jovens, em situações de risco ou de maior vulnerabilidade.

Três questões configuram o âmbito mais amplo deste capítulo: a relação entre campos de pensamento e de atividade, mais uma situação que afeta muitas pessoas. Os campos referidos são a educação e as ciências sociais; a situação de crescente pobreza de muitas crianças e jovens é o que as une aqui[2].

---

[1] O presente capítulo baseia-se em documento preparado para atender à Resolução 284/2000, do Ministério da Educação da Argentina.

[2] Sabe-se que "os ajustes estruturais produzidos durante a década de 1980 e os primeiros anos de 1990 tiveram como contrapartida a marginalização do emprego de milhares de jovens e muitos deles abandonaram a educação formal antes de adquirir os conhecimentos hoje indispensáveis. Enfrentam uma exclusão duradoura do mercado de trabalho e sérias dificuldades para se integrar socialmente, sem falar da violência a que muitos foram submetidos" (Jacinto, 1990).

Nesse contexto, aparecem então dois enfoques, a partir dos quais se pode ter uma visão, educacional e sociológica, sobre o tema da pobreza e suas conseqüências:

- O primeiro, que, de forma quase caricatural, poderíamos chamar de educativo, levaria em conta os aportes da educação para reduzir a pobreza (que se pode resumir simplesmente como o aumento das condições de educabilidade para aumentar a empregabilidade)[3]. Temos dois pressupostos: primeiro, *há capacidade atual* no sistema educacional para fazer esse esforço sempre que se considere que ele é significativo, tanto em relação aos métodos quanto à duração e à continuidade dos esforços realizados. O segundo, é que são conhecidas as maneiras de implementar massivamente esse aumento de educabilidade, ou seja, sabe-se *como fazê-lo*.
- O outro enfoque, que se pode chamar de social, inclui as estratégias sociais (modos de intervenção) que, comprovadamente, aumentam a retenção, diminuem a repetência, etc., e, dessa maneira, facilitam ou melhoram as capacidades para superar as condições particulares ou específicas da pobreza que atrapalham o bom desempenho de crianças e jovens no sistema educacional. Nesse enfoque, fica claro que, no "social", há recursos ou modos de fazer (intervenções sociais) que *ajudam o primeiro enfoque ou são funcionais* em relação a ele.

O presente trabalho localiza-se claramente no âmbito do segundo enfoque: quais são as estratégias ou modos de intervenção que mais ajudam a resolver os problemas causados pela pobreza. Pretende-se, então, mostrar um caminho para iniciar a identificação de vias que permitam acumular e avaliar experiências em que essas estratégias e modos de intervenção tenham dado, ao mesmo tempo que sua reprodução seja viável, estejam dando ou possam vir a dar bons resultados.

É inegável que, ao longo dos últimos anos, muito se avançou na tarefa de identificar e avaliar estratégias e modos de intervenção, aparentemente adequados, para avançar rumo à igualdade e à qualidade. Há numerosas experiências e farta literatura a respeito. Porém, apesar de tudo, ainda há muito a fazer, tanto na extensão das propostas (que devem contemplar cada vez mais as crianças) quanto na intensidade da atenção a elas.

Essas experiências geralmente são reunidas nos, genericamente chamados, programas de compensação ou de cotas. Esses programas costumam ter quatro objetivos: ampliar a cobertura, melhorar o rendimento (repetência, abandono), melhorar a qualidade e atender à diversidade cultural. É supérfluo justificar aqui sua necessidade e oportunidade. Sem mencionar o consenso

---

[3] No sentido que Tedesco dá a essa expressão.

mundial dessa matéria,[4] apenas sua existência e permanência durante os últimos anos, através de diferentes gestões, em programas ativos dos diversos ministérios de educação dos países em desenvolvimento, assim como em certas áreas críticas de países desenvolvidos, a tornam redundante.

O que é necessário é determinar, no âmbito desses programas, *o que mais* é prioritário estudar e implementar para a busca de igualdade e de qualidade no sistema educacional, sem ignorar um extenso panorama de escassos recursos disponíveis e a necessidade de que as medidas tomadas apontem para uma melhora não conjuntural e sustentável e, além disso, promovam resultados os mais imediatos possíveis.

Como a melhora desses programas em sua eficácia e efetividade passa por conjugar estratégias diversas, de diferentes disciplinas e campos de ação, também pode ser enriquecedor se perguntar se foi feito tudo o que se sabia ou se podia fazer,[5] ou se há outras maneiras (estratégias, modos de intervenção, etc.) complementares, alternativas ou pouco difundidas, que *também* possam ser utilizadas. Este capítulo aponta para essa busca, e nessa direção.

ALGUMAS PRÉ-CONDIÇÕES INSTITUCIONAIS

Convém se deter em algumas questões que, do ponto de vista institucional, são primordiais e constituem em pré-requisitos a serem considerados, antes mesmo de analisar qual pode ser o resultado esperado do funcionamento de uma unidade de pesquisa e sem ter ainda avançado na criação dessa unidade.

Cremos que as pré-condições institucionais analisadas devem ser válidas diante de tão variadas formas vigentes ou potenciais, de inserção ou instalação de uma unidade de pesquisa na condução educativa de qualquer país ou jurisdição menor dentro desse Estado (governo federal, estadual, municipal), atendendo às suas respectivas responsabilidades no eixo de definição de políticas de gestão educativa. Uma breve análise da institucionalidade educativa mostra que sempre há lugar para a pesquisa, seja de forma direta ou indireta (realizada por terceiros). E, além de sua localização institucional, há um aproveitamento medianamente aceitável de seus resultados, mesmo que sempre tenha havido

---

[4] Como Jomtien, Dakar e seus precursores estabeleceram.
[5] Seria ingênuo, e até mentiroso, não reconhecer que muito disso é feito a partir dos mesmos programas compensatórios. Estes tiveram êxitos e dificuldades. Ninguém pode dizer que, se não tivessem existido, a educação de muitas crianças não teria mudado muito. Mas tampouco se pode dizer que esses programas resolveram os problemas existentes ou diminuíram a distância entre setores mais ou menos favorecidos. Nem por extensão (quantidade de crianças atendidas) ou nem pelo aumento relativo da velocidade de aproximação entre um grupo e outro.

dificuldades para a propagação desses conhecimentos. Por isso, o que se tenta aqui é discernir certas condições e modos de fazer que facilitem uma rápida apropriação pelo sistema, dada a urgência dos temas analisados.

É VIÁVEL INSTITUCIONALMENTE?

Dada a importância do tema, deve-se analisar, primeiro, a oportunidade e a viabilidade de responsabilizar determinada área ou unidade pela tarefa de identificar e difundir estratégias e modos de intervenção facilitadores, em contextos de pobreza, da permanência e participação plena das crianças e jovens no sistema educacional.

A primeira pergunta é se, hoje, há espaço para a pesquisa nas diversas unidades de condução e administração da educação. A resposta é sim, pois, de fato, já existem unidades com essa responsabilidade e/ou costumam fazer esforços para concentrar ou reunir os resultados da produção dos institutos externos. Mas, além disso, a necessidade de que haja pesquisa, de forma direta ou indireta (encomendada a terceiros), repousa sobre o papel reitor, promotor e coordenador daquelas unidades que têm responsabilidades de orientação ou de gestão em questões estratégicas afastadas do imediatismo da gestão educativa cotidiana. É óbvio, além disso, que isso se potencializa em virtude de grandes mudanças produzidas no mundo e da necessidade de adaptar a oferta educativa a novas e crescentes demandas.

Sem dúvida, o momento não parece o mais adequado para que, na administração pública, se instale, dentro de uma unidade como um ministério, uma área de pesquisa cujo propósito seja tão somente a pesquisa, já que existem centros especialmente criados para isso, na esfera do próprio Estado.

Não apenas questões de competência, como também de locação dos recursos escassos, parecem desestimular qualquer intenção nessa direção. A questão muda se, apelando para o papel regulador que têm os ministérios e secretarias em matéria de política educativa, se orientem esforços para que se realize e/ou promova um tipo de pesquisa que, por definição, tem bastante assegurada a implementação de seus resultados ou, pelo menos, a adequação deles às realidades sobre as quais opera, que já tem um caminho percorrido em matéria de aplicabilidade (me refiro à pesquisa-ação) e que esses esforços se realizem numa área sensível e prioritária para as políticas governamentais em matéria educativa.

Como parte de uma política de Estado

Não se pode ignorar que as mudanças no sistema educacional são processos lentos, de longa duração, geralmente numa escala de gerações. Como exemplo, pode-se tomar o dado revelado num seminário internacional realizado em outubro de 2000, no Ministério da Educação da Argentina, sobre programas compensatórios: especialistas franceses mostraram que, entre os 10% das melhores escolas e os 10% das piores, detectada a distância de 44 pontos em indicadores de qualidade, diminuiu para 39 em 6 anos.

Por outro lado, como também foi exposto, como uma evidência de muitos anos de experiência na Europa em escolas pobres, essas não são questões que, em virtude de sua capacidade ou natureza, "a maioria das escolas possa resolver por si mesma; sempre houve uma intervenção externa".

Outro dado: no informe "A juventude Argentina 2000", da Direção Nacional da Juventude e do PNUD, demonstra-se que 54,9% dos jovens não freqüentam a escola e, entre os que têm entre 15 e 19 anos, a porcentagem é de 28,5%, para um total de 3 milhões e 297 mil jovens.

Essas comprovações salientam três traços indissociáveis: longo tempo de maturação das mudanças, necessidade de estímulos externos e ampla magnitude da deserção e conseqüente urgência da retenção. Diante disso, trabalhar orgânica e sistematicamente na criação de uma unidade com a função específica de identificar e difundir estratégias de trabalho, ou modos de intervenção que ofereçam, aos professores e às escolas, novas maneiras de encarar as especiais dificuldades que a pobreza traz à educação das crianças se converte em ponto-chave em uma política educativa, reforçando a necessidade de que isso seja incluído como parte de uma política de Estado de modo que se instale com a força e a permanência que lhe cabe.

De baixo custo

Trata-se também de pensar uma proposta com dimensão e concepção de baixo custo inicial. Baixo custo tem aqui dois sentidos: a) os gastos de instalação e funcionamento da unidade devem ser assumidos centralmente, já que os recursos a serem obtidos, sobretudo no momento inicial, não deveriam significar incremento aos gastos cotidianos; b) as propostas realizadas sejam caracterizadas pelo baixo custo de implementação e simplicidade de aplicação. Nesse sentido, qualquer proposta deveria ser qualificada de "tecnologicamente apropriada", segundo o significado preciso dado a esse conceito em aplicação de tecnologia.[6]

De rápida reprodução

Com relação ao conceito anterior ("proposta tecnologicamente apropriada"), é necessário também obter uma alta possibilidade de efeitos imediatos e

---

[6] É desnecessário recordar que a idéia de *apropriação* está no centro (*core*) da pesquisa-ação; isso implica, do ponto de vista do "usuário", aceitar, querer e poder fazer algo com os recursos a *seu* alcance.

transferíveis. Qualquer esforço nessa linha deve demonstrar, no prazo mais curto possível, resultados concretos que ofereçam caminhos válidos de melhora da qualidade educativa a serviço da igualdade, de modo que esses esforços e resultados auto-estimulem rapidamente sua adoção pelo sistema.

Evitar "distanciamento", assegurar transferibilidade

Outras duas questões importantes a considerar na seleção de temas de interesse são, por um lado, a necessidade de que certas estratégias exitosas e de baixo custo, utilizadas com êxito fora do sistema educacional, possam se incorporar com facilidade a ele, sem que fiquem desacreditadas ou apareçam como "alternativas", no sentido de distantes, pouco experimentadas ou "raras, estranhas e esquisitas". Por outro lado, que seu caráter de "exitosas" tenha sido testado e que sua reprodução resulte aceitavelmente transferível, tanto com relação ao custo operativo, quanto à rápida assimilação. Pela maneira como se realiza, esse é um requisito comumente contemplado, na maioria dos casos na pesquisa-ação.

"Pouco a pouco..."

Por último, e como se saltássemos o capítulo das "pré-condições institucionais" até as recomendações ou propostas, parece prudente não partir com nada imaginado ou decidido por completo no gabinete, como seria criar uma unidade de pesquisa que tivesse responsabilidade sobre a incidência dos aspectos sociais nas questões educativas. Isso poderia alentar a criação de outra nova estrutura, que correria o risco de se burocratizar ou de se isolar. O melhor, portanto, é começar com um horizonte concreto e mais limitado a um pequeno conjunto de atividades relacionadas com determinado tema e resultados práticos e aplicáveis, para avaliar, depois de um tempo, seu andamento e o rumo que pode seguir. Diante dos desafios que enfrentam hoje os países e da redefinição dos próprios Estados, parece mais prudente e responsável trabalhar numa pequena elevação do que tentar implantar uma montanha.

BREVE ESTADO DA QUESTÃO

Uma análise do estado prévio da questão para situar a proposta deveria considerar três grupos de problemas: a) as questões específicas do enfoque da resiliência, proposto neste capítulo como a melhor maneira de chegar logo a resultados positivos e de baixo custo; b) aqueles vinculados especialmente à pesquisa educativa; e, c) os concernentes aos programas que, a partir do social, atendem o educativo.

a) Com relação à resiliência, precisamente um dos motivos pelos quais se vai propor a realização de um encontro ou seminário para avançar interinstitucionalmente no tema, há a dificuldade de identificar todas as experiências hoje orientadas por esse enfoque. Em muitos casos, os projetos ou as experiências não esclarecem *"resilience inside"*, nem levam o rótulo de haver sido concebidos a partir da ótica da resiliência, mesmo quando nos fatos, de forma intencional ou não, se utilizam elementos dessa ótica. Nesse último caso, será de suma importância identificar essas experiências, pois, seguramente, com capacitação adequada, se possam potencializar muito os esforços. Suárez Ojeda (2000) fez um balanço das experiências em que aplicou o conceito de resiliência. Segundo ele, no atual estado da América Latina

> [...] se reconhece uma marcada heterogeneidade, podendo-se identificar países e localidades que estão em etapas iniciais de difusão e discussão do conceito, outros que o estão aplicando em projetos piloto e, finalmente, outros em que a idéia de "resiliência" se introduziu na formação de profissionais e nas políticas públicas de saúde e educação.

Quanto ao que nos compete neste capítulo, é importante o reconhecimento de que são os especialistas em adolescência os que "mais avançaram na conceitualização e aplicação prática da resiliência" aos "pediatras generalistas" seguem em ordem de importância os educadores de crianças e adolescentes". Identificaram-se 36 projetos de resiliência na América Latina, dos quais 6 se desenvolvem na Argentina: referem-se a crianças e adolescentes e se destinam a grupos comunitários.

b) Para uma análise conceitual do que se considera importante estudar ou pesquisar sob a ótica da educação, pode-se consultar Muñoz Izquierdo (2000), que destacou, em sete grupos de temas prioritários, os problemas que exigem atenção primordial em matéria de pesquisa educativa na região. Entre eles, se pode destacar "o desenvolvimento das habilidades necessárias para que os professores possam oferecer a orientação individualizada que permita a oportuna recuperação dos atrasos escolares, para reduzir a probabilidade de que os alunos de menores recursos abandonem o sistema educacional por razões de índole acadêmica".

c) Em um recente trabalho elaborado para o IIPE, Claudia Jacinto oferece uma completa resenha, tanto dos programas, como dos problemas que enfrentam. Resenha 67 programas de 16 países e outros 4 que se desenvolvem em mais de um país. Esclarece que é muito difícil realizar em pouco tempo, e com avaliação precisa, uma seleção "da diversidade e amplitude das ações empreendidas (para as estratégias e programas dirigidos à atenção educativa e formativa de crianças e jovens desfavorecidos na América Latina), especialmente nos últimos anos, que é enorme [...] Torna-se impossível conhecer e levar em conta toda essa diferença em profundidade" (Jacinto, 1999).

Assim, parece que a oportunidade e a necessidade de avançar na linha proposta são favoráveis.

POR QUE A RESILIÊNCIA?

O enfoque da resiliência, ponto central deste livro, reúne uma série de vantagens para ser proposto como eixo de um trabalho imediato. Assim, trabalhar para preparar a difusão da ótica da resiliência nas escolas e também na comunidade educativa, agrega valores, além de reunir as pré-condições institucionais já mencionadas, especialmente trata-se de começar a instalar o que poderão vir a ser unidades de pesquisa orientadas às questões sociais práticas dentro do educativo.

Como já se disse, "mesmo em iguais condições de pobreza do contexto socioeconômico e dos recursos institucionais da escola, há algumas que geram maior qualidade educativa do que outras, ou seja, são mais resilientes. Estudar as condições que fortalecem a resiliência institucional da escola e pessoal dos alunos é um insumo crítico para promover o melhoramento da qualidade educativa e combater o fracasso escolar nos contextos sociais mais vulneráveis"[7].

Além disso, diversos estudos demonstraram que certos atributos da pessoa têm uma associação positiva com a possibilidade de ser resiliente. São eles: controle das emoções e dos impulsos, autonomia, senso de humor, alta auto-estima, empatia, capacidade de compreensão e análise das situações, certa competência cognitiva e capacidade de atenção e concentração (OPAS, p. 20).

Nesse sentido, um manual ou folheto publicado pela BICE, sobre a base de trabalhos de pesquisa realizados, assinala uma série de variáveis (que citarei extensamente) relacionadas com a resiliência, esclarecendo que nem todas "possuem a mesma transcendência prática". A partir delas, propõe vários contextos onde encontrar chaves geradoras de resiliência que inspirem os agentes de base em diferentes situações, países e culturas.

São como contextos de intervenção potencial. Cada um pode se relacionar com um lote de variáveis referentes à resiliência, como descrevem alguns informes de pesquisa. Essa síntese se articula em torno dos seis critérios a seguir:

- O contexto selecionado deverá ser suficientemente *simples* para ser entendido e aproveitado. Não convém sobrecarregar os agentes com explicações complexas que careçam de aplicação prática.
- A seleção de contextos de intervenção potencial deverá ser aplicável a numerosas culturas e fases de desenvolvimento da criança, descartando-se resultados de pesquisas muito detalhados e específicos, relativos a determinadas culturas e faixas etárias.

---

[7] Nieves Tapia, em comunicação pessoal.

- A escolha de contextos deverá ter transcendência prática. Por isso, a escolha não se baseará unicamente nos resultados da pesquisa, mas também no retorno dado por trabalhadores *in situ*, em vários países e continentes.
- Os contextos escolhidos não deverão ser claramente refutados, nem pelas pesquisas, nem pela experiência *in situ*.
- Às vezes, serão resumidas em um único contexto de intervenção potencial algumas variáveis mencionadas separadamente nas pesquisas, para que fique mais fácil lembrar. Por exemplo, crescem as variáveis sobre *atitudes* sociais, resolutivas de problemas e, inclusive, técnicas. Será mais fácil lembrar delas entre os limites de apenas um contexto denominado atitudes.
- Deverá haver motivos claros para crer que, no contexto escolhido, podemos contar com provadas incidências sobre a resiliência e que não estamos falando de uma simples correção entre variáveis sem incidência ou de um modo diferente de descrever a resiliência. Tal escolha depende de uma comparação entre os resultados da pesquisa e a experiência dos agentes *in situ*, mesmo que apenas seja pela dificuldade de provar sua casualidade de um ponto de vista estritamente científico.

Nem é preciso dizer que a referida escolha não é perfeita, por isso deve manter seu caráter provisório e aberto a melhoras. Nosso propósito aqui não é oferecer uma ferramenta perfeita que funcione como um dispositivo mecânico: aperte o botão A e obtenha o efeito B (Vanistendael, 1996).

Fica claro o valor de orientação que essas recomendações, muitas vezes incorporadas textualmente, têm para serem devidamente reconvertidas e aplicadas a propostas que se desenvolvam na área educativa. A identificação e sistematização dessas condições, junto com sua difusão em meios docentes, e a maneira de descobri-las, incentivá-las e promovê-las entre as crianças podem ser uma estratégia muito adaptável nas escolas e apropriada aos professores.

Além disso, dentro de muitos temas possíveis sobre os quais se pode começar a trabalhar para criar uma área ou unidade de pesquisa, este tem a virtude de englobar, aglutinar, conter mais que um conjunto de saberes, uma quantidade de evidências e ferramentas. Parece, assim, que as experiências, tanto nacionais como internacionais, estão dando resultados positivos.

Apesar de não ser um tema que ocupe espaços de transcendência em documentos internacionais, nem nos grandes programas regionais[8], dispõe de um imenso potencial, que inclui entre suas vantagens o caráter integrador em

---

[8] Convém lembrar que no Chile o TEPSY, teste que mede o nível de resiliência em pré-escolares, está incorporado ao ensino oficial.

matéria de experiências de aproximação da criança e o fato de que pode ser usado pelos grupos de trabalho, neste caso, os professores[9].

Vanistendael destaca cinco âmbitos de intervenção potencial e chama "a atenção dos trabalhadores *in situ* que desejam capitalizar e estimular a resiliência".

- Redes informais de apoio e, como expoente, uma relação de aceitação incondicional da criança por pelo menos uma pessoa significativa. Essa aceitação é, com toda a probabilidade, a base de construção.
- A capacidade para procurar algum significado, sentido e coerência, em estreita ligação com a vida espiritual e a fé religiosa.
- Atitudes sociais e resolutivas de problemas e a convicção de ter algum tipo de controle sobre a própria vida.
- Auto-estima e concepção positiva de si mesmo.
- Senso de humor ou um clima em que a criança possa se desenvolver.

Deve-se considerar também que a aplicação imediata das práticas e modos de fazer que se adquiriram não dependerão de investimentos especiais; com pequenas quantidades de dinheiro, as necessárias para algumas oficinas (para detectar experiências atuais e estimular a utilização, pelo pessoal educativo, dessa ótica facilitadora de sua tarefa), será possível potencializar muito o trabalho.

Finalmente, não podemos esquecer que, no enfoque de resiliência, se trabalha com o que se tem, não com o que falta, o que constitui um aporte aos professores como perspectiva de trabalho. "A resiliência é mais uma fonte de inspiração para nosso trabalho e nossas vidas, um marco que autoriza uma nova interpretação e uma nova aprendizagem das próprias vivências" (Vanistendael, 1996).

PROPOSTA

Dada a eventual existência de uma unidade de pesquisa-ação, somada à possibilidade de que essa unidade seja integrada nas novas estruturas de ministérios ou secretarias de educação, é aconselhável imaginar a nova unidade de estudos sociais inserida nessa futura figura institucional. Mas instalar uma unidade desse tipo pode ser um exercício lento quanto à aplicação efetiva de seus resultados. Diferente seria o processo desde o primeiro momento, se pudesse orientar o trabalho de modo a ter, em um prazo relativamente curto, alguns

---

[9] É muito interessante o reconhecimento da resiliência como tolerância à frustração; este é um eixo aplicável a grupos de trabalho, em situações de grande carência.

resultados. Por isso, propõe-se que, de imediato, a unidade passe a trabalhar no tema da resiliência.

Como já antecipamos, propõe-se uma série de atividades que, em torno do enfoque da resiliência, conduza à conformação de uma equipe interinstitucional (até o interior, para aproximar pessoal de diferentes áreas ou programas afins, e até o exterior, por intermédio de convênios com universidades e ONGs) e que a equipe, com resultados em vista, proponha as melhores maneiras de seguir operando. A equipe deve ter componentes do serviço de saúde.

Para isso, o mais recomendável seria fazer um seminário, encontro ou oficina sobre resiliência e programas de igualdade, compensatórios ou como se preferir denominá-los. Seriam convidados servidores do segundo escalão de ministérios e secretarias. A idéia seria "juntar cabeças", analisar a melhor maneira de incorporar o tema da resiliência, como parte de uma política de Estado, para que produza rápidos resultados "apropriados".

Entre as atividades recomendadas, constituída a equipe, propõe-se:

> Inventário e análise dos projetos que trabalham explicitamente com o enfoque da resiliência ou daqueles em que foram identificadas atividades realizadas em seu âmbito, com ênfase especial nos orientados a propostas educativas (formais ou não). Fazer um esforço especial para a identificação daquelas experiências que, mesmo sem conhecimento ou explicação, aplicam elementos da ótica da resiliência. Isso é talvez o mais importante. Iniciar já o estudo da conveniência e, eventualmente, a maneira de incorporar a resiliência como tema na formação docente. Trata-se de uma antecipação a qualquer estudo, mas é válido tratar disso desde agora, de modo que não seja somente a partir da equipe a constituir que se analise o tema, mas também de quem tem a responsabilidade direta da formação docente contínua.

No tema da resiliência, um campo de trabalho bem específico e sumamente importante é a identificação dos chamados "fatores protetores"[10], ou seja, os que favorecem as respostas adequadas às situações de risco. Por exemplo, a província de Buenos Aires fez uma pesquisa em que apareceram muitos fatores, mesmo que não se pretendesse que estivessem colocados do ponto de

---

[10] Vanistendael (1996) comunica os dez recursos pessoais e sociais geradores de resiliência identificados pelo professor Loesel, de Nuremberg-Earlang (Alemanha), com base em um compêndio de resultados da pesquisa científica: 1) trato estável com ao menos um dos pais ou outra pessoa de referência; 2) apoio social de dentro e de fora da família; 3) clima educativo emocionalmente positivo, aberto, orientador e regido por normas; 4) modelos sociais que estimulem um condutismo construtivo; 5) equilíbrio de responsabilidades sociais e exigência de resultados; 6) competências cognitivas; 7) traços condutistas que favoreçam uma atitude eficaz; 8) experiências de auto-eficácia, confiança em si mesmo e conceito positivo de si mesmo; 9) atuação positiva diante de indutores de estresse; 10) exercício do sentido, estrutura e significado no próprio crescimento.

vista da resiliência[11]; retomar isso de uma perspectiva mais global pode resultar muito enriquecedor, além de constituir uma iniciativa de baixo custo e de repercussão imediata e extensível.

Não é fácil predeterminar os recursos humanos necessários, pois isso dependerá do alcance que se decida dar à unidade. Mas, para uma etapa inicial, em que se trabalha sobre a realização de um seminário ou encontro, não parece necessária a incorporação de pessoal extra a unidades preexistentes. Um profissional ou funcionário, com certa responsabilidade na área de pesquisa, pode tranqüilamente gerenciar a organização do encontro, do qual, por definição de seus objetivos, devem sair linhas de trabalho compartilhadas entre as instituições ou pessoas envolvidas. Posteriormente, terá que se designar, caso se decida apoiar essa linha de trabalho, pessoal que colabore em seu prosseguimento e, eventualmente, na busca de fundos para outras ações identificadas.

PROGRAMAS FORA DA ESCOLA

Esse tema merece um destaque especial entre as atividades propostas. É preciso considerar e conceder, do ponto de vista da resiliência, um âmbito de atuação aos chamados "programas fora da escola" ou de educação social, que "podem ter, ou não, diversos tipos de articulação institucional com o sistema formal; mesmo que, em geral, essa articulação seja ainda escassa. [...] Atualmente, ainda que muitas dessas iniciativas se enquadrem na tradição da educação popular, não se situam como alternativa à escola, mas como bem mais um papel complementar e como fator de integração aos sistemas escolares, tratando de enfrentar as tendências excludentes destes" (Jacinto, 1999).

É interessante destacar as forças desse tipo de programa, forças que, em termos de resiliência, podem ser muito bem usadas. Foram enumeradas as seguintes:

1. Altos níveis de flexibilidade quanto a horários, requisitos de assistência, normas de convivência (mesmo que alguns limites fixos sejam necessários para o funcionamento).
2. Localizam-se, geralmente, perto da população-alvo e incluem outro tipo de ações, como assistência social e/ou sanitária, etc.
3. O pessoal que trabalha costuma ter forte compromisso pessoal com a tarefa. Compõe-se de voluntários, religiosos e profissionais das ciências humanas e sociais, assalariados ou contratados.

---

[11] "Pesquisaram-se as estratégias desenvolvidas pelos educadores para tentar responder as situações de risco enfrentadas pelos educandos, de modo que, mais ou menos espontaneamente, se trabalhou identificando e promovendo os chamados "fatores protetores" (A. Melillo, comunicação pessoal).

4. Costumam-se adotar técnicas pedagógico-didáticas participativas. O desenvolvimento de currículos flexíveis, adaptados às características e interesses das próprias crianças, caracteriza os programas mais bem-sucedidos.

C. Jacinto destacou a evidência da "grande dispersão na informação e escassa sistematização" desse tipo de experiência (dos programas "fora da escola" ou de educação social), acrescentando que "algumas agências ou fundações privadas que mantêm e/ou assistem tecnicamente experiências desse tipo facilitam a detecção de estratégias exitosas neste campo". Esse é um ponto importante a considerar: deveria-se aproveitar a realização do encontro ou seminário proposto para que representantes dessas agências ou fundações participassem ativamente e ajudassem na identificação e posterior sistematização dessas experiências, especialmente das que se destinam à prevenção ou à proteção.

Mesmo quando trata especificamente de meninos de rua, é adequada a reflexão de Jacinto:

> O enfoque global da problemática, do ponto de vista dos direitos da criança, e a análise dos resultados dos programas levam à conclusão de que o maior e mais duradouro impacto se produz nos programas preventivos, que ajudam a construir o capital social e humano das famílias e das comunidades urbanas mais pobres.

AS INSTITUIÇÕES E OS RECURSOS DISPONÍVEIS NA ARGENTINA

Na região metropolitana de Buenos Aires, o Centro Internacional de Informação e Estudo da Resiliência (CIER), da Universidade Nacional de Lanús e a Fundação SES são alguns dos lugares institucionais com que se deve contar para trabalhar o tema da resiliência. Também se pode acrescentar Fé e Alegria (de alcance regional latino-americano), que, com um perfil específico e exitoso, incorpora elementos afins com a ótica da resiliência, pelo que merecerá um parágrafo à parte.

Com sede na Universidade Nacional de Lanús funciona o CIER, que tem entre seus objetivos a docência, pesquisa e difusão de informação sobre resiliência. Esse centro pode ser o eixo da estratégia de identificação, avaliação e difusão de experiências exitosas em contextos de resiliência.

A Fundação SES tem tradição de apoio a experiências inovadoras na área educativa e mantém relações institucionais com o Ministério da Educação da Argentina, em particular com o Programa Escola e Comunidade. Recentemente, organizou um seminário latino-americano chamado "Resiliência: mais do que jovens em busca de oportunidades", com apoio do Ministério.

Nas palavras de Jacinto (1999):

[...] o caso de Fé e Alegria mostra um aspecto particularmente interessante de uma iniciativa da sociedade civil, procedente de uma organização religiosa, com forte capital social e grande tradição, que tem estratégia própria, mas dentro da educação formal e articulada com o Estado, no plano de crédito e financiamento. Resultou em uma estratégia que teve a capacidade de se reproduzir em inúmeros países e que aporta elementos consolidados a respeito de dois terrenos sobre os quais, em geral, as intervenções costumam mostrar fraquezas:

- A adoção de práticas pedagógicas ativas, no âmbito de instituições em que a liderança do diretor é fortemente enfatizada.
- A intensa articulação com o contexto local, no âmbito de um conjunto de ações diversificadas que vinculam a educação às necessidades básicas de aprendizagem e à melhoria da qualidade de vida dos beneficiários.

Algumas características organizacionais de Fé e Alegria mencionadas são pertinentes ao nosso tema: participação da comunidade local e especialmente das famílias; "aliança estratégica" – apoio do setor privado, governo nacional e local e agências internacionais de doações; "espírito de renovação", fonte do desenvolvimento de modelos educacionais alternativos e de micro-inovações; "sentido de missão", forte identidade institucional, baseada no objetivo de oferecer educação de qualidade aos setores mais pobres.

ÚLTIMA RECOMENDAÇÃO

Como observação final, acrescentarei um comentário que, certamente, os interessados na proposta não ignoram. Deve-se considerar que, muitas vezes, as estratégias eficazes em pequena escala podem não ser adequadas em uma escala maior, mesmo que sejam úteis para mostrar modos de fazer, que possam ser ampliados. De fato, é preciso assegurar-se de que certas condições específicas próprias da pequena escala (pessoais, institucionais ou comunitárias) possam ser adequadamente reproduzidas.

Jacinto também propõe três ordens de questões a considerar para a passagem do programa de escala reduzida ou de nível micro:

a) Sobre o formato inicial, explica que "o acompanhamento e a sistematização da experiência facilitam a definição dos aspectos generalizáveis e não-generalizáveis. Essa avaliação permite realizar uma primeira identificação de aspectos-chave que a massificação deve preservar para não perder o sentido do programa e sinalizar claramente para o formato do programa macro e a capacitação dos atores envolvidos".

b) Sobre a implementação, assinala que "devem-se formalizar mecanismos de gestão e responsabilidades nos diferentes níveis de andamento: nacional, estadual, municipal e institucional. Entre os mecanismos que costumam estar presentes para efetivar a ampliação, geralmente se incluem ações de capacitação docente (muitas vezes considerada insuficiente) e de produção de material didático". Acrescenta que "também se deve definir a questão da focalização: critérios e grau. Qual o valor a partir do qual se define a inclusão ou exclusão de uma escola, ou de um jovem, em um dispositivo ou programa; e até que ponto focalizar? Sempre se deve considerar os riscos de efeitos discriminatórios da focalização e o cuidado de seu sentido a favor da igualdade".

c) Com respeito à articulação com outros setores sociais, assinala um ponto importante, especialmente nesta proposta. Diz que "em alguns processos de extensão é importante a participação das ONGs, instituições ou organizações locais, empresas, etc., vinculando-as com projetos institucionais ou, em alguns casos, pela subcontratação. Por exemplo, programas vitoriosos para crianças carentes costumam penetrar na comunidade por meio de abordagens participativas. Quando se generaliza e se aumenta a escola, deve-se dar autonomia operacional e flexibilidade aos que estão operando, ao mesmo tempo, manter a coerência total do sistema, o que implica a necessidade de criar outros métodos de gestão" (Caillods, 1994).

E conclui dizendo:

> Uma vez consolidada a etapa de ampliação do programa, coloca-se o problema da institucionalização posterior. A institucionalização implica a formalização dos programas por meio de um serviço ou mecanismo institucional estável, que atenda à problemática focalizada por aqueles. Já que os programas são, por definição, uma intervenção destinada a atender uma problemática específica, durante um período preestabelecido, uma vez finalizados, especialmente no caso de políticas públicas, se defenda a colocação em prática de mecanismos de formalização.

Nesse contexto, se deveria pensar na articulação com o sistema de saúde, em particular com as experiências de descentralização das unidades periféricas e de promoção social, ao estilo do centro comunitário do bairro Illia, desenvolvido em Buenos Aires. Em muitos desses centros, se desenvolvem experiências em sintonia com o enfoque de resiliência, mesmo que o desconheçam; instruir acerca de seu valor utilizando oficinas de capacitação pode ser, portanto, altamente rentável.

Finalmente, mas não menos importante, é necessário um esclarecimento sobre possíveis usos deturpados: se enganaria quem visse na utilização da resiliência um mecanismo de aceitação do *status quo* ou um elemento manipulador. "O enfoque de resiliência se propõe a contemplar a vida como um processo multifacetado e não como um mecanismo determinista" (Vanistendael, 1996).

REFERÊNCIAS

Caillods, F. (1994): "Rasgos convergentes en el mosaico de sistemas de formación profesional", Ginebra, *Revista Internacional del Trabajo*, vol. 113, n° 2, p. 279-297.

Jacinto, C. (1999): *Enfoques y tendencias de los programas de educación dirigidos a niños y jóvenes desfavorecidos en América latina*, Paris, IIPE Programme de recherche et d'etudes: Stratégies d'education et de formation pour les groupes défavorisés, UNESCO/IIEP.

Muñoz Izquierdo, C. (2000): "Algunos problemas que actualmente requieren atención prioritaria en la investigación educativa de America latina", Propuesta, ano 3, n° 5.

OPS (s.f.): *Manual de identificacion y promoción de la resiliencia en niños y adultos*, OPS (Programa Salud, Familia y Población), Fundación W. K. Kellogg y Autoridad Sueca para el Desarrollo Internacional.

Suárez Ojeda, E.N. (2000): "Desarrollo de la resiliencia en America Latina", en *Actualizaciones en resiliencia*, Lanús, Fund. Bernard van Leer, Ediciones de la UNLa.

Tedesco, J.C. (1998): "Desafíos de las reformas educativas en América Latina", ponencia presentada en la Conferencia "Building Latin America's future: public/private partnership for educacion", BIRF, Washington.

Vanistendael, S. (1996): *Cómo crecer superando los percances*, Ginebra. Oficina Internacional Católica de la Infancia (RICE), 2.ed.

8

PROMOÇÃO DA RESILIÊNCIA EM ADOLESCENTES DE UMA ESCOLA SEMI-RURAL

María Alchourrón de Paladini
Pedro A. Daverio
Eliana M. Moreno
Joaquín Piattini Montero[*]

INTRODUÇÃO

Para desenvolver o projeto "Promoção da resiliência em adolescentes de uma escola semi-rural" analisamos dois eixos: de um lado, a educação formal em que se desenvolve a experiência; e, de outro, as características da adolescência, etapa da vida dos jovens com quem trabalhamos.

Diferentes fatos demonstram a necessidade de realizar mudanças em nossa educação. A globalização modificou o mapa econômico do mundo, obrigando todos os países a se dotarem de vantagens específicas para participarem no desenvolvimento das relações econômicas mundiais.

Na maioria dos países, devido à pressão do progresso técnico e à modernização, cresceu a demanda por uma educação economicista. Cada dia se torna mais evidente a importância do capital humano em relação à produtividade; a partir daí, o investimento em educação passou a ser prioritário.

Nesse contexto, o prestígio da informática, ícone do "viver na era da informação", nos conduz à errônea conclusão de que a informação equivale ao conhecimento. Dessa maneira, cada vez mais o currículo escolar e seus

---

[*] Os autores querem expressar seus agradecimentos à doutora Teresita Baigorria, com quem se desenvolveu o projeto de "Promoción de la resiliencia en los adolescentes del Bairro 1º de Maio", que foi a experiência que serviu de base para o presente trabalho.

programas cresceram em informação e não em conhecimento e cultura, relegando algo tão importante como os talentos pessoais. As escolas passaram a competir quanto aos conteúdos oferecidos, perdendo de vista, inclusive, a capacidade de assimilação dos alunos. Apostamos na informação sem nos darmos conta de que ela se desvaloriza rapidamente e que a cada dia é mais acessível e barata, por isso não há sentido econômico transmiti-la durante o processo escolar. A esse respeito, o Instituto Tecnológico de Massachussetts concluiu que a informação de que dispõem seus egressos se torna obsoleta em apenas quatro anos.

Quando se implementou em 1993 um programa nacional de avaliação do rendimento de crianças e jovens, apareceram graves deficiências nos conhecimentos das crianças que terminavam o ensino fundamental e o médio. Há evidências confirmando que o nível alcançado pelos jovens ao concluírem seus estudos diminuiu nos últimos 20 anos.

Os dados existentes demonstram que 68% dos alunos que estão concluindo o ensino fundamental e o médio não conseguem quatro pontos de qualificação em matemática ou em línguas, que dois, em cada três, não dominam frações, que 58% não sabem interpretar um gráfico, nem compreender o sentido de um texto. (Esses dados são o resultado obtido por uma pesquisa do Ministério da Educação da Argentina em 1993.)

Também se comprovou que o menor rendimento dos jovens se deve ao fato de que sua avaliação de conhecimento é pior do que a dos jovens de duas décadas atrás. Isso não causa estranheza, se analisamos os rumos que tomaram os conteúdos e os objetivos da educação, com uma distância cada vez maior entre os contextos educativo, trabalhista e social. E sobretudo com respeito ao desenvolvimento cognitivo emocional do aluno. Devido a uma paupérrima formação básica, a escola entrega à universidade um aluno com muitas deficiências e tudo isso se reflete no mercado de trabalho.

A contribuição de Emilio Tenti Fanfani é esclarecedora: "A educação argentina atual não pode simplesmente se propor a oferecer mais da mesma coisa. O desenvolvimento integral da sociedade nacional (crescimento+igualdade+liberdade) supõe a existência de sujeitos efetivamente dotados de conhecimento, tecnologia e orientações de valor, cujo conteúdo é preciso redefinir, em função de novos desafios do contexto nacional e internacional".

Por outro lado, os empregadores não procuram mais uma qualificação determinada, mas um conjunto de competências específicas, que combina a qualificação propriamente dita, o comportamento social, a capacidade de trabalhar em equipe, a atitude positiva ante novas aprendizagens, a capacidade de iniciativa e de assumir riscos.

O objetivo da educação deveria ser, então, formar pessoas completas que, além disso, sejam "empregáveis". Não se pode pedir ao sistema educacional que forme mão-de-obra para um emprego *estável*, mas que capacite as pessoas para a *inovação*, para que sejam capazes de evoluir, de adaptarem-se a um mundo vertiginoso e de controlar a mudança.

Para isso, a Comissão Internacional sobre a Educação para o Século XXI, em seu informe para a UNESCO, propõe que:

> Os sistemas educacionais assumam uma grande responsabilidade: proporcionar a todos os indivíduos todos os meios de *dominar* a proliferação da informação, isto é, de *selecioná-la* e de *priorizá-la*, dando mostras de sentido crítico... é preciso se preocupar com a qualidade e a preparação para a vida num mundo em veloz mutação, submetido ao ascendente da tecnologia, com formação das *qualidades de caráter* de que, mais tarde, necessitarão, para *antecipar* as mudanças e se adaptar a elas... (Os destaques são meus).

Assim, sugere que os sistemas educacionais se construam sobre a base de quatro aprendizagens:

- *Aprender a conhecer*: adquirir os instrumentos necessários para a compreensão. Reunir uma cultura geral ampla com a possibilidade de estudar a fundo um número reduzido de matérias.
- *Aprender a fazer*: para poder influir no próprio entorno. Não se limitar a conseguir a aprendizagem de um ofício, mas adquirir competência que permita fazer frente a numerosas situações, algumas previsíveis e que facilitem o trabalho em equipe, dimensão esquecida pelos métodos de ensino atuais.
- *Aprender a viver juntos*: para participar e cooperar com os demais em todas as atividades humanas. Aprender a conhecer mais os outros, sua história, tradição e espiritualidade e, a partir disso, criar um espírito novo que impulsione a realização de projetos comuns ou a solução inteligente ou pacífica dos inevitáveis conflitos, graças, justamente, à compreensão de que as relações de interdependência são cada vez maiores.
- *Aprender a ser*: O século XXI exige maior autonomia e capacidade de julgamento, junto com o fortalecimento da responsabilidade pessoal ante a realização do destino coletivo e nos induz a não deixar de explorar nenhum dos talentos que, como tesouros, estão enterrados no fundo de cada pessoa.

Essa proposta implica realmente uma mudança radical na educação atual, porque exige uma sólida formação básica e o domínio de atitudes, bem como o desenvolvimento dos talentos pessoais de cada um e que a escola tem que resgatar e desenvolver. São esses os instrumentos e as ferramentas necessários para ingressar num meio tão adverso para as crianças e jovens de hoje. Adverso por causa da *desigualdade educativa,* porque a Argentina não tem o nível tecnológico de outros países, porque as crianças e jovens são educados erroneamente na escola, de forma utilitária, e porque há um grande número deles que essa educação afastou do sistema e outros tantos que nem chegaram a ele. O certo é que essa educação não lhes ofereceu os instrumentos de que necessitam, nem a preparação para desempenharem-se satisfatoriamente nesse novo século, com as características tão mutáveis que apresenta.

É necessário, portanto, oferecer-lhes uma educação que promova a capacidade de enfrentarem e de se recuperarem de tais adversidades, fomentar neles a resiliência. Esse enfoque coincide com o proposto pela Comissão, pois visa a que as pessoas desenvolvam suas próprias capacidades, favorecendo os fatores que as tornam menos vulneráveis.

Se comparamos os fatores protetores que, como características pessoais, foram observados pelas numerosas pesquisas com pessoas que enfrentaram as adversidades resilientemente, veremos que são as qualidades que a UNESCO considera fundamentais na aprendizagem para incrementar as possibilidades de êxito pessoal. Os fatores protetores, ou qualidades, referem-se a certas características de temperamento, cognitivas e afetivas. Entre elas, a tendência à aproximação, humor, empatia, auto-estima, sentimento de auto-suficiência, autonomia e independência.

A necessidade de desenvolver esses atributos mostra que faz falta realizar mudanças profundas na educação, para que cada vez mais haja crianças e jovens capazes de se sobrepor com sucesso às adversidades das desigualdades educativas provocadas pela globalização. Para que possam enfrentá-las e superá-las, necessitamos favorecer e promover esses atributos.

PROJETO DE TRABALHO COM ADOLESCENTES

A adolescência é uma etapa de contínua mudança e rápido desenvolvimento, durante a qual se adquirem novas capacidades, se fixam condutas e habilidades e, o mais importante, se comece a elaborar um projeto de vida pessoal. Nesse período, a pessoa já conta com um tipo de pensamento formal que lhe permite confrontar, refletir, debater, analisar e tirar suas próprias conclusões. Por tudo isso, é essa etapa o momento oportuno para fortalecer o desenvolvimento, potencializar os fatores protetores e prevenir as condutas de risco, reforçando os potenciais resilientes.

A resiliência delineia a combinação de fatores que permitem a uma criança, a um ser humano enfrentar e superar os problemas e adversidades da vida e construir sobre eles (Suárez Ojeda, 1993). "É um chamado a se concentrar em cada indivíduo como alguém único, é enfatizar as potencialidades e os recursos pessoais que permitem enfrentar situações adversas e sair fortalecido, apesar de exposto a situações de risco." Respondendo a esse chamado, propusemo-nos a abordar um projeto de trabalho com adolescentes e escolhemos a escola como o local propício para isso, já que é lugar de aprendizagem e crescimento, em que os adolescentes já se encontram inseridos num grupo.

Pareceu-nos apropriado realizarmos esse projeto na zona rural de El Trapiche, já que lá se desenvolvem atividades de promoção da resiliência com crianças e adultos, com o que nosso trabalho se enriqueceria e complementaria essas tarefas.

DESCRIÇÃO DA POPULAÇÃO

El Trapiche é uma localidade rural de San Luis, a 45 km da capital estadual, cuja principal atividade é o turismo. Tem uma única escola, em que estudam jovens de toda a região.

A população escolar adolescente tem alto grau de repetência e fracasso escolar; falta de interesse, iniciativa e compromisso; não-aproveitamento e planejamento do tempo livre; carência de orientação e de projeção de futuro; condutas de risco (alcoolismo, tabagismo, etc.).

A PROPOSTA

O diretor do Centro Educativo N. 5 "Senador Alfredo Bertin", interessado nos resultados obtidos na oficina com crianças de 2 a 5 anos, nos contatou para ver como se podia implementar essas oficinas no contexto educativo.

O passo seguinte foi manter algumas reuniões com os diretores do centro educativo para conhecer os objetivos propostos, suas expectativas, o estado geral da instituição, etc. Interessados no novo conceito, pediram à Secretaria Estadual de Educação de San Luis que integrasse essas oficinas no currículo escolar, na área de Opção Institucional.

Aprovado o projeto, começamos a desenvolver as oficinas e, assim, mergulhamos no plano de mudanças no qual os diretores da instituição vinham trabalhando desde o ano anterior, pois a escola passara por uma má administração, em que a falta de alunos e professores, condutas de risco, mau estado do prédio, falta de participação dos pais, etc., eram apenas alguns dos problemas. Havia ainda a falta de projetos futuros dos alunos, o ócio, a falta de motivação para o estudo, etc.

O desafio para nós era muito grande, já que a proposta era trabalhar com aproximadamente 100 adolescentes dos ensinos fundamental e médio. No ano anterior, havíamos realizado oficinas de resiliência com adolescentes de um bairro pobre da cidade de San Luis, trabalhando com um grupo de 15 a 20 no final da adolescência. Essa nova proposta implicava não apenas trabalhar com muito mais gente e com outro tipo de problema, mas também nos adequarmos aos requisitos da instituição escolar – realizar um plano de tarefas ao qual pudéssemos integrar nossos temas com os de outras matérias.

Outro requisito importante foi a avaliação pedagógica, já que nossa matéria aparecia nos boletins entregues a cada trimestre.

OBJETIVO GERAL

Investigar e promover os potenciais resilientes nos adolescentes, na comunidade escolar a que pertencem.

OBJETIVOS ESPECÍFICOS

Os objetivos específicos estavam dirigidos não só aos integrantes habituais da comunidade escolar, alunos adolescentes e docentes, mas também nos envolvia no desafio de incluir uma prática nova no ambiente escolar.

Objetivos definidos para os adolescentes (alunos), considerando o planejamento curricular:

Que o adolescente:

1. Compreenda e apreenda o conceito de resiliência.
2. Obtenha o conhecimento e aceitação de suas capacidades e limitações.
3. Desenvolva a criatividade, fazendo uso de sua liberdade.
4. Exerça uma autonomia responsável.
5. Reconheça a importância de atuar de forma coerente e comprometida, de acordo com seus valores fundamentais.
6. Reconheça a importância do humor no cotidiano.
7. Desenvolva a capacidade de iniciativa.
8. Obtenha um desempenho eficaz em situações escolares específicas.
9. Conheça as oportunidades de realização pessoal e profissional e possa então projetar seu futuro.
10. Possa estabelecer relações interpessoais empáticas, a partir do reconhecimento das diferentes formas de comunicação.

Objetivos para os professores

Que os professores:

1. Compreendam o conceito de resiliência.
2. Aperfeiçoem-se em seu emprego, na prática pedagógica cotidiana.

Objetivos para os coordenadores

Que os coordenadores:

1. Possam se inserir no âmbito escolar.
2. Tomem parte no projeto escolar interdisciplinar.
3. Consigam introduzir o conceito de resiliência e articulá-lo na prática cotidiana.

METODOLOGIA DE TRABALHO

A metodologia dividiu-se em três etapas que coincidiam com os três trimestres de aula. A primeira etapa foi concebida como momento de diagnóstico de situação, pelo qual nos interessava conhecer as forças e fraquezas dos adolescentes. Uma segunda etapa estava orientada à aprendizagem e ao fortalecimento dos pilares da resiliência. E uma terceira etapa induzia à preparação de um projeto individual ou coletivo.

Cabe destacar que se foram acrescentando à planificação inicial atividades destinadas a trabalhar as fraquezas pedagógicas em leitura-escrita, identificadas pelos professores. Trabalhou-se na análise e compreensão de textos e redação de histórias (cada vez que se escrevia algo, fazendo uma brincadeira, colagem, etc., destacavam-se erros gramaticais e ortográficos). Além disso, as atividades iam-se modificando, de acordo com as necessidades de cada grupo.

Em síntese, o programa foi o seguinte, considerando os objetivos, a técnica e a avaliação.

Primeiro trimestre

Tema: *adolescência (mudanças físicas, psicológicas e afetivas)*.

Objetivos

– Obter melhor conhecimento de si mesmo (introspecção) e dos outros.
– Fazer um diagnóstico da população escolar, procurar fatores de proteção e de risco.

Técnicas: *troca de idéias, debate,* pictionary, *desenhos.*

Avaliação

– Os alunos não sabiam muito sobre a adolescência, mas se identificaram com essa etapa. Abriu-se um espaço para falar desses temas. Puderam-se observar condutas de risco, como alcoolismo, dependência química e prostituição. As técnicas foram adequadas.

Tema: *família e adolescência.*

Objetivos

– Refletir e falar do lugar que o adolescente ocupa na família e o lugar que a família ocupa para ele.
– Identificar a família como um fator protetor.
– Identificar fatores de risco e de proteção da família.

- Poder pensar sobre a futura família.
- Determinar normas familiares, sua importância e fundamentação.

Técnicas: esquetes, conversas, debates.

Avaliação

- Pôde-se transmitir o valor da família.
- Puderam-se identificar os fatores de proteção e de risco (com exemplos).
- Não se pôde avaliar se houve mudanças nas famílias de cada adolescente.
- A técnica do esquete não pôde ser completamente aplicada.

Avaliação do trimestre

- Realizou-se sob a condição de que os alunos elaborassem um folheto explicativo de temas relacionados à adolescência, como família, dependência química, doenças sexualmente transmissíveis, alcoolismo, etc.
- Obteve-se participação efetiva dos alunos, com trabalhos de regulares a excelentes.

Segundo trimestre

Tema: *comunicação*.

Objetivos

- Ver a comunicação como um recurso efetivo para resolver os problemas.
- Conhecer os axiomas da comunicação.
- Reconhecer a importância da comunicação escrita.

Técnicas: Análises e composição de textos, conversas, debates.

Avaliação

- Conseguiu-se que os alunos reconhecessem a importância da comunicação como um meio de resolução de problemas.
- Faltou propor-lhes mais textos e dar-lhes mais tempo para análise.

Tema: pilares da resiliência.

Objetivos

- Apresentar o conceito.
- Apreender os pilares pelos exemplos extraídos da vida dos adolescentes.

Técnicas: Compreensão de textos, conversas, discussões, autodescrição, comparar a autodefinição com a definição dos textos.

Avaliação

- Obteve-se a compreensão dos pilares. Alguns foram mais difíceis de assimilar, como a introspecção. Conseguiu-se que reconhecessem muitos exemplos na vida cotidiana. O trabalho de reconhecimento dos pilares nos textos foi muito interessante como técnica de avaliação.

Tema: *fontes da resiliência*.

Objetivos

- *Analisar de forma coletiva e individual o* "eu tenho, eu sou, eu estou, eu posso".

Técnicas: Troca de idéias, conversas, discussões, identificação por meio de exemplos escritos a que fonte corresponde cada um.

Avaliação

- Conseguiu-se que compreendessem as fontes da resiliência.
- Identificaram-se as fontes de que cada um dispõe.

Terceiro trimestre

Tema: *elaboração de projetos*.

Objetivos

- Que os alunos possam identificar as diferentes partes de um projeto.
- Que possam elaborar um projeto.

Técnicas: Conversas, debates, brincadeiras, criação de jogos.

Avaliação

- A confecção de projetos somente foi concretizada com alguns alunos do ensino médio de onde se puderam observar projetos coletivos e individuais.
- Quanto aos que trabalharam na realização de jogos, nos quais se pôde apreciar como coordenavam e projetavam.

AVALIAÇÃO GERAL

Da avaliação das oficinas puderam-se tirar as seguintes conclusões:

- As deficiências da instituição foram mudando ao longo do ano. Chamaram a atenção o baixo nível de faltas, sobretudo nos dias de oficina (segundas e quartas-feiras), a inexistência de advertências e um trato melhor com os professores.
- Com respeito à avaliação de cada atividade, houve técnicas e metodologias que não foram satisfatórias, mas que serviram como base para modificá-las e assim poder aplicá-las com maior efetividade no futuro.
- Com respeito à participação nas oficinas, foi enriquecedora desde o primeiro momento e se incrementou ao longo do ano, de modo que os alunos puderam ver esse espaço como um lugar onde podiam expressar suas idéias e opiniões, o que lhes permitiu assumir papel ativo na instituição escolar.
- O fato de o projeto ter sido aprovado pelo Ministério da Educação cria um precedente único para que essas oficinas possam ser implementadas no contexto educativo regional.

A partir de questionários-padrão, avaliamos experimentalmente duas variáveis significativas. A primeira foi o *autoconceito*, avaliado com o questionário elaborado por Piers e Harris e adaptado por María Casullo (1990). Esses autores consideram o autoconceito uma variável multidimensional que opera por meio de seis indicadores que tornam possível sua avaliação.

a) Percepção do comportamento social.
b) Apreciação do rendimento intelectual.
c) Apreciações sobre o próprio corpo.
d) Sentimentos de ansiedade.
e) Percepções sobre o reconhecimento que outros fazem da própria conduta.
f) Sentimentos de satisfação ou insatisfação pessoal.

Para a avaliação da segunda variável, os *estilos de enfrentamento*, aplicou-se a escala de enfrentamento para adolescentes de E. Frydenberg e R. Lewis na adaptação espanhola de J. Pereña e N. Seisdedos. A escala consiste num inventário de auto-informe, composto de 80 elementos, 79 de tipo fechado e um de final aberto, que permitem avaliar, com credibilidade, 18 diferentes estratégias de enfrentamento, identificadas conceitual e empiricamente. Construiu-se uma *forma específica* que permite avaliar as respostas a um problema particular, citado pelo sujeito ou proposto pelo examinador, e uma *forma geral* do instrumento, que se refere ao modo como o sujeito enfrenta seus problemas, em geral. Esta última forma foi a aplicada aos alunos dessa oficina. Os questionários tiveram como resultado um aumento nas diferentes estratégias de enfrentamento dos alunos, o que é mais um indicador da efetividade da oficina. Com respeito ao autoconceito, a informação ainda está sendo analisada.

REFERÊNCIAS

Casullo, M. C. (1990): *El autoconcepto*. Técnicas de evaluación, Buenos Aires, Psicoteca Ediciones.

CEDEPO (Centro Ecuménico de Educación Popular): *Técnicas participativas para la educación popular*, Buenos Aires, Humanitas, 3. ed.

Etcheverry, G. J. (1999): *La tragedia educativa*, Buenos Aires, Fondo de Cultura Económica.

Ferraro, R. A. (1995): *Educados para competir*, Buenos Aires, Sudamericana.

Frydenberg, E.; Lewis, R. (1996): *ACS. Escalas de afrontamiento para adolescentes*, adaptación española de Perefia y Seisdedos, Madrid. TEA.

Kotliarenco, M. A.; Cáceres, I.; Álvarez, C. (1996): *Construyendo la adversidad*, CEANIM.

Munist, M. et al. (1998): *Manual de identificación y promoción de la resiliencia en niños y adolescentes*, Washington DC. OMS, OPS y Fundación Kellogg-ASDI.

Myers, R. (1993): *Los doce que sobreviven*, OPS.

Robaco, I. C. (2000): *El desnutrido escolar*; Buenos Aires, Homo Sapiens.

Watzlawick, P. (1993): *Teoría de la comunicación humana*, Barcelona, Herder.

Suárez Ojeda, E.N. (1994): "Resiliencia o capacidad de sobreponerse ala adversidad", *Medicina y Sociedad*, vol. 16, n° 3, julio-septiembre de 1993.

UNESCO (1996): *La educación encierra un tesoro*, Buenos Aires, Santillana.

9

O HUMOR COMO INDICADOR DE RESILIÊNCIA

Daniel H. Rodríguez

Falar de resiliência é falar da capacidade humana, individual ou coletiva, de resistir a situações adversas, encontrando recursos criativos para emergir delas. O conceito integra pontos de vista baseados mais na promoção da saúde do que na expectativa de doença e é composto por um conjunto de fatores: os fatores de resiliência.

Entre esses fatores, menciona-se habitualmente o humor. Antes de tratar dessa inclusão do humor no conjunto, e da qualidade de indicador que lhe possa caber, vale a pena fazer alguns comentários sobre o conceito de resiliência e sobre a relação entre resiliência e humor.

A NOVIDADE DA RESILIÊNCIA

Freqüentemente, fala-se do conceito de resiliência em termos de uma mudança de perspectiva que, ao tratar dos fatores que funcionam como promotores de saúde, coloca em questão o enfoque anterior, centrado nos fatores de risco.

Com esse modo de apresentação, poderíamos pensar sempre em fatores de risco (-) e fatores protetores (+), em que ambos os conceitos guardariam entre si uma relação de oposição, como as duas faces da mesma moeda. Mas há muitas razões para afirmar que a proposta nova trazida pelo conceito de resiliência supera o que suporia uma mera mudança de sinal, segundo a qual se poderia considerar os enfoques de risco e resiliência como integrantes da mesma ordem de fatores. Porque o enfoque centrado na noção de risco pertence mais ao campo biomédico, a resiliência incursiona ambiciosamente em terrenos diferentes do acontecer humano, de tal modo que temáticas relativas à subjetividade, entre as quais a criatividade, ocupam lugar importante, têm seu campo de interesse e território conceitual.

Não é freqüente, por exemplo, de acordo com o uso que o conceito teve até hoje, que se inclua a falta de humor como fator de risco para a saúde, mesmo que pareça natural, dada a conotação que foi tomando a resiliência, que este conceito figure permanentemente na lista dos fatores que a compõem e definem.

O conceito de resiliência surge do fracasso das previsões provenientes dos modelos de risco, mas as explicações ou respostas que traz sobre resultados inesperados não pertencem, em geral, ao campo das ciências naturais. A resiliência toma a condição humana de um ponto de vista mais amplo, francamente interdisciplinar, que necessita de aportes das ciências sociais e, particularmente, da psicologia e fundamentalmente os inclui. Historicamente, o conceito de resiliência surgiu como resposta a uma série de fatos surpreendentes – sujeitos condenados à enfermidade, de acordo com as expectativas dos modelos de risco, não confirmavam esse destino anunciado e chegavam a situações de realização pessoal notáveis.

O estudo de casos de resiliência permitiu ir isolando aqueles fatores que pareciam ser os responsáveis pela surpresa inicial e que foram construindo a lista de fatores protetores ou de resiliência.

Poderia-se pensar que a delimitação desse conjunto de fatores houvesse atenuado a surpresa inicial, do mesmo modo que a descoberta casual de um germe ou de uma vacina encerra uma pesquisa ou desvenda um enigma; o intrigante é se o elemento de surpresa, o fato inesperado que torna as circunstâncias de nascimento do conceito de resiliência, continua inerente à sua definição.

Poderia se prever então, em função do que se avançou nesse terreno, uma conduta resiliente individual ou coletiva, dada uma série de circunstâncias favoráveis, ou sempre será preciso esperar um desenlace que resulte de uma combinação particular de fatores que nos permita dizer que, nesse caso, "houve" resiliência, de tal modo que a resiliência somente poderia ser definida *a posteriori*?

Os autores que estudaram o tema da resiliência não se contentam com a enumeração dos fatores de resiliência como único elemento explicativo de boas *performances*. Insistem em advertências em que assinalam o aleatório de certos desenlaces e acrescentam que, como se disse da história do termo, aquilo que *a priori* poderia ser um fator adverso para alguém, poderia se converter num fator de resiliência para outra pessoa.

Para complicar ainda mais as coisas, também vale a pena pensar no caso oposto, nem sempre mencionado, em que histórias de indivíduos, cercados de fatores promotores de saúde, terminam em fracassos. Os enfoques psicológicos com que se nutrem os estudos de resiliência não costumam ter substanciais suportes freudianos, que mostram como o ser humano, mesmo que rodeado das circunstâncias mais favoráveis, nem sempre busca seu bem ou o da comunidade. Os estudos sobre o masoquismo, os porquês da guerra ou o mistério dos que fracassam, ao triunfar estão nesta linha, destacando o afortunado ou infeliz do acontecer humano em seu futuro imprevisível.

Há algo, então, do qual a enumeração de fatores de resiliência ou o modelo de risco não dá conta. Esse algo se refere à criatividade com que cada grupo ou sujeito resolve sua situação vital, retirando daqui e dali, resultando disso "afortunadas combinações entre atributos da criança e seu ambiente familiar, social e cultural" (Kotliarenco e outros, 1997, p. 6).

Aparentemente, a resiliência, apesar dos progressos como conceito, se mantém fiel às suas origens, reservando um lugar do humano, que é imprevisível, e que, sob a forma de uma afortunada ou criativa combinação de fatores, segue surpreendendo.

RESILIÊNCIA E FATORES DE RESILIÊNCIA

Após dar o nome de resiliência à aparição de certos resultados que contradiziam o esperado, no afã de registrar a novidade, produziram-se dois tipos de fatos. De um lado, sob um enfoque geral, começaram-se a avaliar os benefícios da mudança de perspectiva, que supunha passar a tratar de tudo que promovesse a saúde. De outro, tentou-se desvendar os fatores que poderiam explicar os resultados resilientes. Mas, se o resultado resiliente estava ligado a algo inesperado, os fatores de resiliência que se isolaram não foram em si mesmos surpreendentes, e resultaram ser quase de senso comum. Assim como com a galinha dos ovos de ouro; no fundo, no fundo, trata-se de... uma galinha. Além de observações sobre a ambição humana, a fábula mostra que a chave estava do outro lado.

Para citar um exemplo prototípico dos trabalhos sobre resiliência, se o destino mais provável do filho de uma família pobre, com algum membro psicótico ou alcoólico, era o de uma vida marginal, doença mental ou delinqüência, a ninguém surpreenderia que esse destino pudesse se reverter, graças a certas condições pessoais ou ao oportuno surgimento de figuras substitutas ou instituições que o resgatassem, proporcionando sustento, valores e recursos identificatórios alternativos.

A conduta resiliente, como um resultado saudável e desejado, parece residir mais numa combinação particular de fatores protetores do que na soma deles. Assim pensa Osborn (1994), quando adverte em seu artigo "Resiliência e estratégias de intervenção" que "nunca será possível detalhar numa lista os fatores que aumentam a possibilidade de ser resiliente, porque dependerá sempre do risco ou do fator de vulnerabilidade particular".

Em uma formulação, seguramente pouco rigorosa, de um ponto de vista matemático, propus que assim poderia se expressar matematicamente a relação entre resiliência e fatores de resiliência:

$$Resiliência = Fatores\ de\ Resiliência + X$$

Quis mostrar com isso que a resiliência, como resultado individual ou coletivo, como resposta criativa de superação de situações adversas, é mais do que a soma dos fatores de resiliência que a promovem e que supõe a existência de um imponderável, o X, que determinará o resultado final.

O HUMOR E A RESILIÊNCIA

Reservar, dentro da definição de resiliência, um lugar para a criatividade e a surpresa, como destacamos, mostra porque os trabalhos sobre resiliência incluem habitualmente o humor como um de seus fatores promotores.

É um lugar-comum falar dos efeitos benéficos do humor sobre a saúde, contrapondo-o aos efeitos negativos do estresse. E alguns estudos fisiológicos parecem corroborá-lo ao assinalar, por exemplo, os efeitos do relaxamento do humor e da risada sobre o sistema parassimpático, que diminuem a contratura da musculatura lisa, ocasionada pela tensão e pelo estresse, com efeitos benéficos sobre a pressão arterial e o volume respiratório. Na mesma direção, a diminuição do cortisol no sangue e o aumento de secreção de endorfinas são efeitos desejáveis.

Em *Anatomía de una enfermedad*, N. Cousins (1979) descreve os notáveis efeitos terapêuticos da risada sobre seu quadro desesperador de *espondilitis anquisolante*, em que chegou a contar as duas horas de sonho aliviador que lhe provocavam dez minutos de risadas.

De uma perspectiva mais psicológica, destaquei, em um trabalho anterior, (Rodríguez, 1997), o valor do humor como poderoso recurso simbólico, mantenedor do laço social e das identificações coletivas, o que dá a ele um lugar merecido como elemento de resistência subjetiva à adversidade. Mas a resiliência não é apenas resistência, e nesse sentido a origem metalúrgica do termo, que alude à capacidade de um corpo de voltar à sua posição de origem, depois de sofrer uma deformação, não inclui a acepção que o conceito tomou, porque o processo não consiste simplesmente no fato de voltar ao ponto de partida. A resiliência é mais do que um modo de dar uma cara boa ao mau tempo, é também um recurso criativo que permite encontrar respostas novas para situações que parecem não ter saída, e este elemento de novidade mostra a ligação entre a resiliência e o senso de humor, permitindo traçar paralelos interessantes que revelam as razões desse vínculo.

A piada, produção dependente do senso de humor, assenta-se na falta de solidariedade entre as palavras e o sentido e na vitalidade da língua, que permite que, permanentemente, se gerem novos termos com a incessante possibilidade de novas combinações.

Mas nem sempre a intenção humorística se traduz em boas piadas, e isso é evidente nos casos em que há necessidade cotidiana de produzir humor. Porque brincar com as possibilidades da língua é enfrentar suas próprias limitações. Um jornal de Buenos Aires, que há anos traz manchetes jocosas, mostrou uma vez a foto de uma funcionária de um ministério, de quem se dizia que era uma *"nhoque"* (como se diz na Argentina sobre o funcionário público que só vai à repartição uma vez por mês, no dia do pagamento) e que fora detida, ao tentar sair do país com papelotes de cocaína na bolsa. Usando a metáfora e a metonímia, o diário estampou: "Mais do que 'nhoque', 'ravióli'", aproveitando o fato de que essa é uma gíria para designar viciados em cocaína.

É muito provável que os humoristas encarregados de nos fazerem rir, como leitores, tenham sido os primeiros a se divertirem com esse achado, o cruzamento de um fato real e os recursos e usos da língua.

A resiliência e o humor coincidem na estratégia de tomar elementos conhecidos para produzir resultados originais e, é óbvio, que a chispa da criatividade poderá brotar com mais facilidade em situações favorecedoras, sem que isso possa ser totalmente condicionado, *a priori*; porque a intenção, quase obrigação, de fazer humor, que pesa sobre alguns, nem sempre dá resultados tão bons quanto o mencionado. Apesar da nossa intenção de aproveitar tudo aquilo que possa melhorar nossas condições de vida, o imprevisível é, ao mesmo tempo, um tempero da nossa existência.

O AMOR, O HUMOR E A RESILIÊNCIA

O amor, em suas variadas formas de expressão, sempre foi considerado um poderoso motor de diferentes realizações humanas.

Freud, em sua investigação sobre os mecanismos da cura durante um processo psicanalítico, dá ao amor lugar de relevância. A instalação do amor de transferência para o analista, em uma ampla gama de sentimentos, da simpatia à confiança, até uma desagradável demanda amorosa, passa a ser uma condição necessária para o progresso de toda a relação terapêutica. Em um artigo dedicado precisamente ao amor de transferência, Freud comenta que, após mostrar à comunidade científica seus estudos sobre a importância do amor na cura, alguns médicos tentaram capitalizar suas observações, preparando seus pacientes para o surgimento de sentimentos amorosos e, inclusive, induzindo-os, para o bem do progresso terapêutico.

"Dificilmente se pode imaginar técnica mais desatinada", comenta Freud (1915), para quem manipular o amor, em benefício da terapia, conseguiria apenas "arrancar do fenômeno a força probatória de sua espontaneidade", criando, além disso, obstáculos difíceis de resolver. *Mutatis mutandis*, considerações similares sobre o humor poderiam ser feitas, já que foram demonstrados seus efeitos benéficos no cotidiano e sua presença constante no conjunto de fatores de resiliência.

Todos os estudiosos do humor, mesmo aqueles que coordenam oficinas de humor, são muito céticos quanto à possibilidade de condicionar, dirigir ou promover a atividade humorística humana. Para Geno Díaz (1998), não pode haver uma didática do humor. Porque, no caso do humor, talvez de um modo mais claro e preciso do que no amor, a "força probatória da espontaneidade", dada pela risada que festeja a surpresa de uma brincadeira de palavras, numa piada, não pode ser programada e todos conhecemos a ineficácia das piadas explicadas.

O que fazer então com o humor, dado seu lugar dentro da resiliência, se nos situamos numa perspectiva que tenta sua capitalização e instrumentação, dentro de programas que buscam a promoção de condutas resilientes?

O HUMOR COMO INDICADOR DE RESILIÊNCIA

Quantas pessoas com senso de humor serão capazes de aplicá-lo como um recurso que lhes permita observar de outro ponto de vista as circunstâncias adversas que a vida lhes proporciona? E quantas, dentro desse grupo, serão capazes de instrumentalizar condutas concretas que lhes permitam modificar essas circunstâncias?

Num trabalho anterior, já mencionado, descrevemos uma série de funções atribuídas ao humor que poderiam ser ligadas a um elemento constitutivo da definição de resiliência, a capacidade de tolerância, de resistência diante do adverso. A questão é qual a função do humor em relação a outro aspecto da definição da resiliência, o fato de produzir mudanças concretas em prol da superação das situações adversas.

O tema serve para algumas reflexões, que poderiam até parecer distantes, mas que giram em torno da relação entre o senso de humor e a capacidade dos seres humanos para a ação, ou as diferenças que poderiam ser estabelecidas entre um humorista e um ator social.

São muitos os exemplos de artistas, criadores que acompanharam processos de mudança, muitas vezes revolucionários, e nem sempre com participação direta na luta. Apesar disso, a história não deixa de reconhecer o lugar de cada um nesse processo.

É possível que suas produções literárias, pictóricas ou humorísticas não tenham sido apenas entretenimento, mas também um importante aporte criativo de representações, valores, propostas ou perspectivas diferentes.

Talvez o lugar do artista, em geral, ou do humorista, em particular, em relação à resiliência, seja o de quem, sem modificar diretamente a realidade, traz elementos àquelas instâncias próprias de nossa personalidade ou alheias a ela.

Ter humor não é garantia de operatividade, mesmo que carecer dele provavelmente o seja. É aceito pelos psicanalistas que a presença ou ausência de senso de humor é um importante elemento para o prognóstico, na hora de tentar estabelecer quais pacientes se beneficiarão mais do tratamento. E, em geral, a falta de senso de humor é elemento de mau prognóstico. Parece que, tanto aqui, como no caso da resiliência, a existência de senso de humor não garante a possibilidade de mudança, mas é um elemento indicador da existência de outros fatores aos quais o senso de humor costuma estar ligado e que poderiam ter sua incidência, como a inteligência (teríamos que dizer operativa?), entre outros.

Também traçamos um paralelo entre o senso de humor e o pensamento lateral. Além dos que os dois recursos têm em comum, poderíamos dizer que, para poder se assemelhar mais ao pensamento lateral, falta ao puro senso de humor um componente de "gestão", porque a mudança de perspectiva que ambos compartilham tem como objetivo, em um caso, a risada; no outro, a possibilidade instrumental de resolução de uma dificuldade.

Os humoristas, assim como os administradores sociais do humor, resistem à sua industrialização ou a esperar dele algo mais do que sua conseqüência natural: a risada.

Provavelmente, dentro do conjunto de elementos que integram a resiliência, nem todos tenham a mesma hierarquia ou ocupem o mesmo lugar como fatores de mudança. Alguns podem ser estimulados ou desenvolvidos. O humor ocupa o lugar de um indicador de bom prognóstico com relação às possibilidades de mudança. Mas não parece ser direto o caminho que liga o senso de humor às condutas tendentes, não apenas a tolerar situações de adversidade, mas também a modificá-las.

CONCLUSÃO

A novidade que o conceito de resiliência traz ao campo da saúde pressupõe bem mais do que uma simples contraposição ao modelo anterior, centrado em fatores de risco. Resiliência é um modo de nomear a singularidade e a criatividade da conduta humana, individual ou coletiva, quando obtém bons resultados em situações adversas.

Por incursionar em problemáticas ligadas à esperança, utopia e criatividade humana, a resiliência se afasta do campo biomédico e de suas expectativas de medição e estatística, o que gera um conceito "fácil de entender, mas difícil de definir" (Osborn) e impossível de ser fielmente calculado.

O conceito de resiliência nasce com o surgimento de resultados inesperados e conserva o fator-surpresa como elemento inerente à sua definição.

A resiliência é mais do que a soma de suas partes (fatores promotores de saúde), pois contém um X que, finalmente, determinará o resultado, e a lista de fatores de resiliência nunca aprisionará a chama de que dependerá o resultado final.

A impossibilidade de definir precisamente a resiliência, ou de antecipar resultados resilientes, não implica renunciar a isolar os fatores de resiliência que as pesquisas sobre o tema revelam, que sempre funcionarão como elementos propícios, nem deixar de considerar os fatores de risco como tais, apesar de muitas vezes ter funcionado como estímulo de condutas resilientes.

O humor, como já destaquei (Rodríguez, 1997), é um poderoso recurso, necessário para a sustentação da subjetividade, do laço social e da identidade coletiva e contribui para fortalecer a resiliência em sua função de resistir à adversidade.

A relação entre o humor e aquele das condutas resilientes que implica uma modificação real das situações adversas não é direta, pois o humor traz uma mudança de perspectiva que não garante, necessariamente, uma capacidade operativa em quem o possui. De todo modo, o senso de humor, ligado a uma inteligência que habilita uma visão alternativa, permitindo-lhe novas linhas de ação, deve ser considerado um elemento indicador de capacidade de resiliência.

REFERÊNCIAS

Cousins, N. (1979): *Anatomy of an illness*, New York. W. W. Norton.

Díaz, Geno e Brück, C. (1988): *Acerca del humor*; Buenos Aires, Tekné.

Freud, S. (1915): "Puntualizaciones sobre el amor de transferencia", *Obras completas*, Buenos Aires, Amorrortu, t. XII.

Kotliarenco, M.A. et al. (1997): *Estado de arte en resiliencia*, Washington DC, OPS/OMS, Fundación W. K. Kellogg, CEANIM.

Osborn, A.I. (1994): "Resilience and intervention strategics", *Children Worldwide*, vol. 21, n° 1, p. 12-15.

Rodríguez, D. (1997): *"Humor y resiliencia"*, en el Seminario Internacional "Concepto de resiliencia", 15 y 16 de diciembre de 1997, Lanús (Buenos Aires).

10

PROCURAR A OPORTUNIDADE DE ESTAR RESILIENTE É UM DIREITO HUMANO?

Roberto Vergés

O ESTADO DA ARTE EM RESILIÊNCIA

Não sou médico, psicólogo, pedagogo, psiquiatra ou resiliente; sou quase advogado e estudo os direitos das crianças. Nessa condição, então, tentarei compartilhar um conceito de resiliência que reconheça o fascinante potencial dos seres humanos (quando enfrentam adversidades) de resistir, sobreviver, se sobrepor, aprendendo e se superando; que reconheça esse estágio superador que nos permite passar de um *ser* a um *estar*. De ser um ser humano a estar como um ser humano. De ser hoje para estar amanhã. De um ser estático para um ser dinâmico. Dinâmico até um *até* e dinâmico no *até*. Estímulos que potencializam um novo equilíbrio, também instável e estimulante. Quedas e novos equilíbrios. Tropeços e novos estímulos progressivos. Adversidades e capacidade de se sobrepor (capacidade de "se safar", diria um jovem). Estado resiliente no ser humano que permite a superação e a esperança. Aptidões e atitude para gerar pilares que suportem essa ponte para transpor obstáculos. Dinamismo, oportunidade e progressividade. Nós, que viemos do campo das contribuições jurídicas, falaríamos de ter direitos e gozar de direitos, ter direitos e construir ferramentas que garantam o gozo, construir fatores de proteção para a vigência e o gozo dos direitos, para o gozo expansivo e progressivo dos direitos. Construção preventiva para o gozo dos direitos.

A DOUTRINA DOS DIREITOS HUMANOS

No patrimônio de criação da ONU está a doutrina dos direitos humanos, que se alimenta de uma longa história de conquistas jurídicas e políticas em torno da dignidade da pessoa humana. É a doutrina da *dignidade* do ser humano, enquanto pessoa humana; são direitos que correspondem às pessoas, independentemente de sua cor, raça, religião ou condição social; são os direitos dos seres humanos sem relação com o lugar ou com o tempo; *as pessoas nascem com direitos*. Mesmo antes do nascimento, durante sua concepção e gestação, começam os direitos do ser humano; não importa se é rico ou pobre, negro ou branco, homem ou mulher, mais ou menos hábil, menino ou menina. *Todos os seres humanos nascem com direitos e liberdades*. Não são direitos estabelecidos, nem outorgados às pessoas pelo Estado. São direitos reconhecidos pelo Estado, mas pertencem às pessoas. *Todo ser humano é um núcleo de dignidade, titular de direitos e liberdades*.

No processo histórico de construção da doutrina dos direitos humanos, podemos situar a carta de criação das Nações Unidas, em 1945, e a *Declaração Universal dos Direitos Humanos*, em 1948. Nela se consagra o núcleo básico dos direitos humanos. Podemos falar de um marco na história da humanidade. Essa declaração passou a ser a enumeração fundamental dos direitos básicos de *todos* os seres humanos. A *Declaração Universal dos Direitos Humanos* representa um marco importantíssimo do progresso humano, pois consolida o princípio da Carta das Nações Unidas de que *o respeito universal dos direitos humanos é empreendimento comum de todos os governos e povos*. Os direitos humanos são direitos das pessoas, independentemente dos governos ou Estados.

A *Declaração Universal dos Direitos Humanos* de 1948 foi seguida por dois instrumentos de força legal:

- O Pacto Internacional de Direitos Civis e Políticos (aprovado em 1966 e vigente desde 1976).
- O Pacto Internacional de Direitos Econômicos, Sociais e Culturais (aprovado em 1966 e vigente desde 1976).

O *Pacto Internacional de Direitos Civis e Políticos* reconhece o direito de toda pessoa humana à vida, liberdade e segurança pessoal; à privacidade, proteção contra a tortura e maus-tratos, desumanos ou degradantes; a não submissão à escravidão; à imunidade diante da detenção arbitrária; a um julgamento justo; ao reconhecimento da personalidade jurídica; a não submissão a penas retroativas; à liberdade de pensamento, consciência e religião; à liberdade de opinião e expressão; à liberdade de circulação, inclusive o direito de emigrar; à reunião pacífica e a se associar livremente. Trata-se de direitos individuais, civis e políticos, também chamados de *primeira geração*, vinculados à liberdade e à dignidade, à democracia e ao Estado de Direito.

O *Pacto Internacional de Direitos Econômicos, Sociais e Culturais* reconhece o direito de trabalhar e de escolher emprego livremente; a um salário justo; a fundar sindicatos e a se filiar a eles; à segurança social; a condições dignas de existência; à proteção contra a fome; à saúde e educação. Os Estados que ratificam o Pacto reconhecem sua responsabilidade na promoção de melhores condições de vida para seus povos. São os direitos humanos em sociedade, chamados de *segunda geração*: são os direitos sociais.

Posteriormente, consagraram-se, em outros tratados e pactos, direitos já integrados ao patrimônio dos direitos humanos universais, como os direitos das crianças, da não-discriminação da mulher, a um meio ambiente saudável, ao desenvolvimento humano, à melhor qualidade de vida com inclusão social, à paz, à democracia. São os direitos de terceira geração. Estão vinculados à liberdade e à justiça com equidade, igualdade de oportunidades e sustentabilidade, ou seja, sem discriminações. São os novos desafios deste início de século, que integram o paradigma dos direitos humanos. O paradigma do desenvolvimento humano sustentável e eqüitativo.

Os direitos humanos constituem uma proteção: protegem-nos de arbitrariedades, venham de onde vierem, do Estado ou de outros homens; e também do abandono ou de discriminações. Significam proteção integral a todos os homens, mulheres, crianças, deficientes ou minorias; proteção integral a todo ser humano no que se refere a uma existência digna e a seu desenvolvimento potencial; proteção para a pessoa, a família e a comunidade; proteção para a prosperidade e o progresso. São limite e objetivo, vida e desenvolvimento, direitos declarados e direitos aplicados. Conquistamos universalmente o direito do desenvolvimento igualitário e progressivo das pessoas e dos povos. Cabe-nos construir as garantias para a vigência dos direitos humanos.

OS DIREITOS DA CRIANÇA E DA ADOLESCÊNCIA

Os direitos das crianças são direitos humanos, pois elas são cidadãs tais como os adultos. A *Convenção dos Direitos da Criança* aprofundou alguns aspectos específicos e redefiniu outros. Não é, portanto, uma simples reafirmação dos direitos da criança, mas uma especificação desses direitos para as circunstâncias particulares de vida da infância e da adolescência; é também fonte de direitos próprios e este é um aspecto importante de um conjunto de princípios que regulam a proteção conjunta dos direitos de crianças e adultos e seus direitos e deveres recíprocos.

Os direitos da criança não dependem de nenhuma condição especial e se aplicam a todos, igualmente; constituem um conjunto de direitos-garantias, diante da ação do Estado e representam um dever dos poderes públicos. Nesse sentido, o enfoque dos direitos humanos permitirá organizar, de uma perspectiva diferente, as políticas públicas da infância e a participação das crianças na sociedade[1].

A Convenção opera como um sistematizador das relações entre a criança, o Estado e a família, que se estrutura a partir do reconhecimento de direitos e deveres recíprocos. Seguindo a linha doutrinária da *Declaração Universal dos Direitos Humanos*, a Convenção respeita e hierarquiza a relação criança-família, enfatizando o papel das políticas sociais básicas e de proteção da infância e da família, limitando a intervenção tutelar do Estado a uma última instância, quando supõe que tenham falhado os esforços da família e os programas sociais gerais.

Em síntese, a inclusão da *Convenção dos Direitos da Criança* na reforma constitucional argentina supõe, para nosso ordenamento jurídico-legislativo, "digerir", ser eficaz e garantir esses novos direitos, como:

- Reafirmar que as crianças têm os mesmos direitos de todas as pessoas.
- Especificar esses direitos para as particularidades da vida e o amadurecimento das crianças.
- Estabelecer direitos próprios para as crianças (relação paterno-filial e participação).
- Regular os conflitos jurídicos derivados do descumprimento dos direitos das crianças, ou de sua colisão com os direitos dos adultos.
- Orientar e limitar as atuações do Estado e as políticas públicas relacionadas à infância.

O INTERESSE SUPERIOR DA CRIANÇA

A consagração da Convenção dos Direitos da Criança como instrumento jurídico internacional, de aplicação obrigatória de Estados nacionais, é um marco fundamental do desenvolvimento jurídico da proteção universal das pessoas humanas. Os direitos das crianças não são mais que especificações para um setor dos direitos humanos gerais. O desenvolvimento jurídico dos direitos humanos floresce e progride com um estatuto específico para a infância, fazendo discriminação positiva, aumentando os direitos e garantias particulares para estas pessoas em um estágio peculiar do desenvolvimento. Diría-

---

[1] Conforme Miguel Cillero Bruñol (1999): "Infância, lei e democracia na América Latina", em García Méndez-Beloff (comps.), Bogotá, Editorial Nomos, 1999.

mos que aprofunda, em caráter complementar, os direitos humanos gerais, especificações que deverão considerar para este grupo de pessoas, por sua situação particular (estão indefesas) ou por necessidades próprias de sua idade ou desenvolvimento. Os direitos da criança são uma síntese, "revista e ampliada", proveniente de instrumentos de direitos humanos de caráter geral. Nesse sentido, carecem de autonomia, são especificações por necessidades especiais.

Especificações de espécie a gênero, os direitos humanos da criança são derivações complementares dos direitos humanos dos adultos.

É neste plano de possível colisão entre direitos (crianças *versus* adultos) que aparece o princípio do "interesse superior da criança", ou seja, que o interesse superior da criança exige a aplicação da Convenção em seu conjunto. Poderíamos dizer: o interesse superior da criança é que sejam aplicados os direitos consagrados a ela na Convenção. Entre o emaranhado de direitos humanos para todas as pessoas, o grupo de direitos estabelecidos pela Convenção para as crianças se aplica de forma integral, sistemática e harmônica. O interesse superior da criança é que a Convenção seja aplicada integralmente e não que alguma autoridade interprete o que mais lhe convém na conjuntura. Sua conveniência, hierarquizada pela própria Convenção, é ser respeitada e ter garantido seu direito humano convencional (emanado da Convenção), diante de interpretações ou colisões com os direitos humanos dos adultos.

Geralmente, acredita-se que o interesse superior da criança é uma diretriz vaga, indeterminada e sujeita a múltiplas interpretações, tanto jurídicas como psicossociais. Qualquer autoridade administrativa ou judicial poderia investir-se em sumo sacerdote intérprete do interesse superior da criança, em cada situação. Como se esse interesse indeterminado fosse uma porta que permitisse aplicações discricionárias dos direitos das crianças, acomodadas às circunstâncias de caridade ou à autoridade do "bom pai de família", instâncias capazes de determinar, do ponto de vista dos adultos, o que é melhor para os pequenos, em cada caso.

Convém então ratificar o sentido e o conteúdo do princípio do "interesse superior da criança", orientado para uma concepção limite, que protege, por um lado, a integralidade da Convenção e, além disso, a prioridade de sua aplicação. Nenhuma autoridade administrativa ou judicial pode-se investir em protetor da infância. Sua obrigação é garantir a aplicação dos direitos da criança. Garantir a vigência dos direitos humanos específicos, contidos na Convenção para a infância.

A Convenção elevou o interesse superior da criança ao caráter de norma fundamental, com um papel jurídico definido que, além disso, se projeta além do ordenamento jurídico até as políticas públicas e, inclusive, orienta o desenvolvimento de uma cultura mais igualitária e respeitosa dos direitos de todas as pessoas.

DESENVOLVIMENTO HUMANO E RESILIÊNCIA

Assim como se respeita a vigência dos direitos humanos em geral, devemos respeitar, e garantir para a infância, seu próprio corpo de direitos específicos, chamados direitos das crianças. Pode-se pensar no estudo particular de alguns dos direitos da criança (desenvolvimento integral progressivo) como conjunto de direitos-prestação a cargo da sociedade e do Estado que aportam a garantia do conjunto dos direitos. A tese seria que a resiliência, como estado a alcançar, é um direito humano da infância, que qualifica e até garante o direito das crianças a seu desenvolvimento integral progressivo. O desenvolvimento humano da infância, como objetivo e obrigação dos Estados, ao fazer cumprir os direitos das crianças (vida, sobrevivência e desenvolvimento integral), exige assegurar, em nome da igualdade, a parcela individual necessária a cada ser humano, na maior medida possível, para alcançar progressivamente seu desenvolvimento integral. Os direitos humanos necessitam da vigência integral dos direitos das crianças. Os direitos das crianças necessitam da vigência integral de cenários facilitadores de mais e melhores direitos. Os direitos das crianças têm implícita e exclusiva tal característica da progressividade. O incremento dinâmico e progressivo dos direitos das crianças garante sua vigência.

A oportunidade dos direitos-prestação a cargo do Estado é um atributo dos direitos da infância. Se não tem alimentação adequada, se desvirtua para sempre e se lesiona a Convenção *in totum*, sem prejuízo de se considerar a lesão específica ao desenvolvimento psicossocial. *Aqui a oportunidade faz o direito*. Se não há estímulos adequados, perde-se também uma oportunidade para o despertar do estado resiliente, e, desse modo, se ignora o direito ao desenvolvimento integral progressivo. O que não acontece no momento oportuno, não acontece nunca mais; a oportunidade se perde e, com ela, o direito.

Voltando à resiliência, enquanto estado de retroalimentação de direitos, poderíamos hierarquizá-la como subprincípio, dentro do já hierarquizado princípio do interesse superior da criança, que potencializa e garante os direitos da infância, em particular o direito ao desenvolvimento progressivo. Nesse sentido, *projeta-se para o ordenamento jurídico das políticas públicas como direito-prestação, a favor do ser humano e garantido pelo Estado*. Se a família não pode ou não quer, se a sociedade não pode ou não quer, o Estado deve garantir oportunidades ou cenários estimulantes para o despertar de oportunidades pessoais ou comunitárias que reforcem esta já consagrada capacidade, que cada ser humano possui, de se sobrepor às adversidades.

A resiliência favorece mais e melhores direitos. Gerar o estado resiliente é um direito específico da infância, porque é preciso garantir-lhe, oportunamente, a vigência dos direitos com potenciais promissores, inscritos na esperança de que cada um é único, com recursos-direitos a proteger e a garantir.

11

A RESISTÊNCIA À OPRESSÃO

Alicia Cuestas

INTRODUÇÃO

Começavam os anos negros do nosso país. No ano de 1974, comecei a trabalhar como professora em uma pré-escola chamada "A Escolinha". Era responsável por um grupo de crianças de 4 anos. Esta instituição, que existia há mais de dez anos, não era parecida com nenhuma outra. Diferenciava-se do resto, e é assim até hoje, por sua metodologia de trabalho, baseada nos princípios da "educação pela arte", ou seja, a "livre-expressão".

Não tínhamos "salinhas" e sim "oficinas"; não havia brinquedos, mas blocos de madeira de diferentes tamanhos e formas com que as crianças criavam todos os dias outros espaços e formas. Trabalhávamos sobre enormes mesas, sentávamos todos juntos e, se o espaço ficava pequeno porque as folhas de papel eram muito grandes, usávamos o piso como mesa, como as crianças costumam fazer para brincar. Todo dia, ao chegarmos e antes de irmos embora, nos reuníamos e cada um dizia o que queria e todos participavam de alguma maneira. Eram propostas brincadeiras ou lidas histórias, ou eles mesmos as criavam coletivamente. Trabalhavam comigo professores de música, de expressão corporal, de ciências, de carpintaria, ajudantes e coordenadores. Usava-se grande variedade de técnicas, todo o tipo de tintas, texturas, gesso, argila, colagem, etc. As crianças tinham a liberdade de explorar e expressar seu mundo interior, estimuladas por diferentes brincadeiras, jogos ou pela motivação do material apresentado.

Pouco depois de ter começado, percebi que integrava um grupo humano privilegiado. O clima de trabalho, a cordialidade entre os colegas e com os pais, a criatividade que crescia cotidianamente, o entusiasmo e o compromisso eram inéditos para mim. Com o passar do tempo, à medida que a impunidade avançava ao nosso redor, tudo isso foi adquirindo uma importância, uma transcendência muito maior. É dessa experiência de vida que quero falar.

Todos que ali trabalhavam tinham consciência do que ocorria na Argentina. Sabíamos do horror dos desaparecidos, das torturas, dos exílios e, em alguns casos, esses dramas nos tocavam de perto. Nenhuma das pessoas que trabalhava na instituição era militante ativa em partidos políticos ou em agrupamentos, ainda que muitos de nós tivessem participado, ou ainda participassem, de atividades comunitárias.

No meio dessa realidade desesperadora, foi-se gerando internamente um vínculo solidário entre o pessoal e os diretores e também com a maioria dos pais, convertendo nosso lugar de trabalho numa ilha e nós em náufragos de um acidente em que outros haviam morrido. Cada um aportava suas vivências pessoais da "terra firme", convertida num lugar inóspito, onde morava "o outro", o inimigo. Mas, à medida que nosso trabalho cotidiano era levado a cabo, o medo se afastava de nós. Era uma ilha produtiva onde nos encontrávamos com a possibilidade de continuar desenvolvendo princípios básicos de solidariedade, de confiança mútua e de trabalho criativo com as crianças.

Assim se estruturaram, ao longo destes anos, diferentes tipos de oficina criativa. A primeira delas incluía todo o pessoal da instituição, até mesmo o administrativo. Uma vez por semana nos reuníamos num grande galpão fechado, onde eram guardados os materiais de trabalho e funcionava uma oficina para estudantes. Durante mais de duas horas, nos sentávamos em torno de uma grande mesa, com vários coordenadores (a diretora ou um professor) e explorávamos, ludicamente, diversas técnicas de pintura, colagem, gesso, argila, etc., e, em algumas obras, ficavam plasmados muitos episódios temidos. Enquanto isso, falávamos das técnicas, de nós mesmos e, às vezes, cantávamos. Ainda hoje posso escutar o murmúrio alegre, a excitação que nos produzia alguma técnica ou os resultados obtidos. O riso sempre nos acompanhava, assim como o desejo de que chegasse logo o próximo encontro. Vestíamos velhas e grandes camisas manchadas de sucessivas camadas de tinta, tornando-nos, momentaneamente, despreocupados palhaços de nós mesmos. E assim, camuflados, aprendemos muito mais do que apenas sobreviver. Essa energia criadora multiplicava-se logo em nosso trabalho com as crianças.

A experiência vivida nesses encontros gerou um ânimo expansivo e o desejo de manifestá-lo de todas as maneiras possíveis. Surgiu então a proposta de formar um coro, dirigido pela professora de música. Uniram-se a essa atividade muitos namorados, maridos e esposas. Foi também uma experiência gratificante para alguns de "fora", o que transformou nossa ilha num pequeno arquipélago. Serviu igualmente para descobrir em todos nós um sentimento coletivo gratificante. A voz do coro era mais poderosa e harmônica do que as boas vozes de alguns de seus integrantes. Todos trabalhávamos para ele.

Mais tarde, organizamos oficinas de literatura, artes plásticas e música, com os pais, de modo que foi possível transmitir-lhes parte de nossas experiências balsâmicas. No final, foi proposto aos pais que compartilhassem algumas jornadas, conosco e com seus filhos, em que se executaram diversas atividades. Lembro ainda do prazer dividido, o brilho nos olhos de todos os que participaram desses encontros e o pedido dos pais para repetir experiências como essa mais seguidamente.

A cada fim de ano, organizava-se uma exposição de trabalhos das crianças e, às vezes, também dos professores e dos pais. O produto criativo de cada um deles, realizado dentro e fora da instituição, nos permitiu mostrar que, apesar da obscuridade exterior, dentro de cada um de nós a alegria teimava em continuar de pé.

A INSTITUIÇÃO E O AUTORITARISMO

Freud, em "A desilusão provocada pela guerra" (em "*De guerra e morte*", 1915) afirma: "O indivíduo que não se tornou combatente [...] se sente confuso em sua orientação e inibido em sua produtividade".

A violência social vivida durante esses anos rompeu um organizador fundamental, ligado ao respeito à vida e às diferenças entre os seres humanos: "Não matarás". Foi proposto um jogo de poder em que a força estava na auto-concessão do direito de administrar a vida dos outros.

O autoritarismo e a violência levaram a reestruturar os vínculos familiares e sociais. O futuro relativizou-se e se tornou palpável a incerteza do porvir. Repensou-se o sentimento da vida. Cada um o fazia, a partir de suas próprias experiências, de suas forças e crenças, de sua história, identidade social, códigos éticos e de sua perspectiva futura.

A fuga, a negação, a ilusão messiânica são os mecanismos de defesa para os quais apela a sociedade em épocas de crise, e houve poucas na Argentina tão depredadoras como a enfrentada na década de 1970.

A insensibilidade transformou-se, muitas vezes, em paralisia, tanto de pensamentos como de atos. O mal tornou-se uma presença comum e ordinária.

Uma das muitas definições de grupo descreve esta instância como um espaço tático em que se produzem efeitos singulares e inéditos.

No contexto social em que se desenvolveu este grupo, inevitavelmente a realidade externa era parte do próprio texto coletivo. Constituía uma espécie de cenografia dramática, mas em cujo contexto se conseguiu produzir formas próprias. O grupo apresentava uma característica transgressora que, cotidianamente, se mostrava como força questionadora do instituído.

Em certo sentido, esse grupo foi sustentado pela ilusão, mas não como erro e, sim, como crença. Para que haja uma ilusão, deve existir um desejo que aspire à sua realização, uma realidade que queira ser modificada, uma história que queira ser mudada, um ideal que queira ser alcançado.

Vivíamos em uma sociedade que violava os direitos fundamentais: direito à liberdade, à vida, à dignidade, à liberdade de reunião e expressão. No interior do grupo, conseguia-se transgredir, gerando-se um espaço de liberdade e criação. Na tarefa, se tornava invisível aos olhares inquietantes do mundo exterior e se ouvia a voz de cada um de seus integrantes, seu riso e, até mesmo, seu choro, propondo sons diante do massacrante silêncio social.

ANÁLISE A PARTIR DA RESILIÊNCIA

Do ponto de vista teórico da resiliência, diria que essa foi a história de um grupo humano que conseguiu sobreviver aos anos de ditadura, não apenas sem se destruir, mas também construindo, através de um processo ativo de resistência, um espaço de coletividade, solidariedade e criatividade, já que envolvia, paulatinamente, neste processo, uma pequena parte da comunidade: a instituição, as crianças e os pais. Provocou também, nesses anos, a abertura de outro turno, o que quase dobrou a quantidade de crianças inscritas. Ou seja, se produziu o efeito "bola de neve" e se gerou a promoção da resiliência além do grupo originário.

Os recursos que esse grupo pôs em funcionamento reproduzem os fatores protetores que enuncia a resiliência. Obtiveram-se a coesão interna, o respeito à diversidade, o apoio à iniciativa individual, o fortalecimento dos laços de companheirismo e afeto, a criatividade, um comportamento ético e um projeto que foi crescendo ao longo do tempo. Os sucessos do grupo reforçaram os recursos pessoais e estes, por sua vez, geraram ações de fortalecimento na rede comunitária.

Suárez Ojeda postula o modelo de desafio, em oposição ao modelo de dano ou risco de S. Wallin, assumindo que nele "os fatores de risco, as adversidades encontram na criança [e também no grupo] não apenas fraquezas sobre as quais atuam, mas também certa capacidade de enfrentamento, certo escudo de resiliência. Por essa razão, alguns desses fatores adversos, em vez de destruir a pessoa, podem transformá-la positivamente". Isto foi o que aconteceu com o grupo. Saímos fortalecidos do longo túnel. Deu-nos, como disse Vanistendael, a possibilidade de um "sentido ou coerência da vida".

Apesar dos desenvolvimentos da resiliência, até o momento, terem concentrado seus esforços nos temas relacionados à primeira infância e à adolescência, ficou claro o importante papel que, em diferentes etapas, pode ter um referente externo ao indivíduo ou grupo familiar: o institucional. Refiro-me à escola, ao clube, ao grupo de amigos, aos diferentes grupos a que cada um pertence, que constitui a rede comunitária que serve de sustentáculo, de referente, de facilitador, seja para alcançar objetivos superadores ou pseudo-saídas desintegradoras da personalidade. Portanto, insisto na importância de aprofundar as pesquisas sobre a resiliência, deslocando o foco do indivíduo para a interação deste com os grupos nos quais toma parte ao longo da vida, já que, estimulando os processos que transcorrem em seu interior, se incrementa a possibilidade da auto-reparação, reforçando por este meio o sistema de crenças comuns, o enriquecimento dos recursos comunitários e, por conseguinte, das pessoas.

    Em uma sociedade que se tornou cada vez mais insensível e individualista, dar oportunidade aos indivíduos de se colocar num lugar revalorizado e participativo significa tirá-los do fatalismo, da marginalidade e do ceticismo em que nos fez submergir a era da globalização.

12

PROGRAMAS EM SAÚDE MENTAL COMUNITÁRIA

Mirta Estamatti

Atuando como gerente de Saúde Mental de San Luis, recebi uma consulta altamente emocionante. A diretora e a psicóloga de um hospital pediram ajuda ao Ministério da Saúde devido a uma "epidemia de suicídios" adolescentes (meninos, não-escolarizados e alcoólicos), todos ocorridos nos seis últimos meses. Motivou a consulta o suicídio de um jovem de 16 anos que, alcoolizado, se pendurara numa árvore na praça central, num sábado à noite, e morrera enforcado.

Segundo nos foi informado numa reunião com a participação da doutora Mabel Munist (gerente da área de Saúde da Mulher, da Infância e da Adolescência), da diretora e da psicóloga do hospital, no momento da consulta, a comunidade organizada e trabalhando de forma conjunta com o hospital havia tomado, em caráter de urgência, as primeiras medidas para prevenir mais suicídios e acidentes.

Em seu esforço para explicar esses suicídios, enumeraram as que, no seu entender, conformavam as características da população que podiam ter conseqüências sobre a vida dos jovens. Ou seja, estavam preocupados com a vida dos jovens, em geral, e não apenas com os sintomas, ou mesmo com a imolação pública. Se a imolação é pública, a mensagem é dirigida à comunidade, e assim o compreenderam os profissionais: era necessário procurar para estes jovens algo diferente da vida já estabelecida, de se reunir no cemitério para tomar cerveja. Aqui, seu relato.

HOSPITAL LA TOMA. PROJETO DE RESILIÊNCIA

Nossa presença neste lugar deve-se ao fato de querermos dividir com vocês a experiência vivida em nossa localidade, La Toma, a partir de uma série de mortes violentas de cinco jovens de nossa cidade, em aproximadamente seis meses. Para sermos mais precisos, foram três suicídios e duas mortes, por acidente de trânsito, de dois jovens alcoolizados. Além disso, três tentativas de suicídio foram atendidas em nosso hospital. O fato de que tenham sido mortes de jovens e tenham ocorrido em tão curto período de tempo levou a população a um estado de comoção. Cabe esclarecer que os últimos suicídios ocorreram com 15 dias de diferença e o desenlace do último caso, um jovem de 17 anos que se enforcou na praça, foi visto por muita gente.

Não tínhamos experiência em casos semelhantes, mas acreditávamos na possibilidade de que os suicídios se multiplicassem. Por isso, atuamos de forma imediata, convocando diferentes instituições da comunidade com o objetivo de, conjuntamente, realizarmos uma análise do problema e um diagnóstico da situação, para pensarmos estratégias que nos ajudassem a superar o momento crítico. Tomamos a decisão de convocar a comunidade, convencidos de que enfrentávamos uma situação de alto risco social, que excedia os limites das paredes do hospital, de modo que a responsabilidade e as ações deviam ser conjuntas, multissetoriais.

Da primeira reunião, participaram diretores de escola, autoridades municipais, policiais, representantes do Conselho Deliberativo e, espontaneamente, pais e jovens da nossa comunidade. Durante a reunião, surgiram opiniões diferentes, versões, falou-se dos problemas dos jovens de hoje, da falta de comunicação, do álcool, das dificuldades dos pais, do bar, do desemprego, etc. Em síntese, os problemas abordados foram inúmeros.

Nossa intenção, naquele momento, foi encontrar pontos em comum e concordar que enfrentávamos um problema em que todos estávamos envolvidos, de um jeito ou de outro, porque as dificuldades eram nossas e não dos "outros", os jovens eram nossos filhos, os pais éramos nós e, além disso, com dupla responsabilidade, por pertencermos a instituições que devem lutar pela saúde e o bem-estar comunitário.

Dessa reunião surgiu uma série de medidas a curto e longo prazos, que tiveram a aprovação, o aporte e o apoio da Gerência de Saúde Mental, da Gerência da Criança, da Mulher e da Adolescência e do Ministério da Saúde.

As medidas adotadas a curto prazo foram as seguintes:

1. Formou-se uma comissão multissetorial comunitária, com reuniões semanais para continuar tratando do tema.
2. Instalou-se uma linha telefônica gratuita no hospital, atendida pela segurança, chamada "La Toma Escuta", para qualquer situação de emergência.
3. Realizou-se uma reunião comunitária no centro da localidade, em que se tratou do tema e se lamentaram os fatos ocorridos, destacando a mensagem em favor da vida e assinalando que, ante qualquer situação adversa, existe sempre a possibilidade de uma saída, de procurar e de oferecer ajuda. Quase toda a população participou, inclusive familiares dos jovens falecidos.
4. Ante o problema do consumo excessivo de álcool nos fins de semana, adotaram-se medidas de controle, implementadas conjuntamente por grupos de pais, fiscais municipais e policiais. Esclarecemos que o problema era considerado outro sintoma de mal-estar e que as medidas

de controle por si só não eram efetivas, mas que, se existia uma lei municipal, era preciso fazer cumpri-la.

Estas foram medidas de emergência ante a situação de risco, mas ficou claro que os jovens queriam "ser escutados" e ter a possibilidade de participação em diferentes áreas (culturais, esportivas, etc.) que a sociedade não lhes oferecia.

Surgiram assim as medidas a longo prazo, que se apoiaram na iniciativa da população em geral e dos jovens em especial. Foram as seguintes:

1. Por iniciativa própria formou-se o grupo VIDA, constituído por pais e jovens da localidade, que realiza atividades comunitárias, como plantio nas praças e encontros com jovens de outros lugares.
2. Criou-se o Coro Comunitário, organizado por uma aluna do último ano do curso de Produção Musical da UNSL, que se reúne todos os fins de semana. No momento em que este relato é escrito, seus 30 integrantes se preparam para a estréia na festa de fim de ano do hospital.
3. Aprovou-se a criação de uma banda de música, para a qual se negociou a obtenção de instrumentos por meio do Ministério da Saúde.
4. Os professores de Educação Física e de Artes Marciais da localidade ofereceram gratuitamente aos jovens sem recursos a possibilidade de praticar essas modalidades de esportes.
5. Obteve-se uma autorização para que um jovem que há muitos anos preparava e organizava campeonatos de futebol pudesse realizá-los.
6. Organizaram-se encontros de arte, aos domingos, na praça, onde jovens e os não tão jovens tocam violão, lêem poesia, jogam truco e tomam mate.
7. Propôs-se um projeto para a capacitação de jovens da própria comunidade em promotores de saúde mental.
8. Difundiram-se pela rádio local as estratégias adotadas, destacando-se a atenção dada pela equipe de saúde aos casos mais graves. Insistimos nisso porque, nas últimas semanas, circulavam rumores que, no nosso entendimento, tratavam de explicar o sucedido e que se referiam à aparição de seitas, visitas ao cemitério e um pacto entre jovens para se suicidar. Essa situação preocupava-nos, já que essas versões anônimas dos fatos costumam ter seu sentido e seus efeitos; em última instância, refletiam um temor, que também era nosso: que os suicídios continuassem. Também se comentava: "Agora está na moda se suicidar; qualquer problema, se matam". Queríamos oferecer modelos alternativos.
9. Também foram ao hospital pessoas com inquietações similares às nossas, diretores de escola, os responsáveis pela escola albergue de La Totora, distante 15 km de nossa localidade, onde estudara um dos alunos que tinha se suicidado, e por isso se avaliou a situação com o diretor. Surgiu, assim, a necessidade de organizar jornadas com os jovens, objetivando responder as suas necessidades, contando com o

apoio da gerente de Saúde Mental e da gerente de Saúde da Mulher, da Infância e da Adolescência.

Quanto à assistência psicológica, penso que intervimos em todos os níveis de prevenção, assistindo os focos de maior risco: os familiares e amigos mais próximos dos jovens falecidos, com visitas domiciliares e reuniões no hospital.

Também houve consultas espontâneas ou por derivação da guarda dos jovens com intenções ou idéias de suicídio (foram cinco rapazes e cinco moças, entre 13 e 20 anos). Nestes casos, encontrou-se uma ampla gama de situações familiares, de crises histéricas a transtornos psicóticos, e em todos os casos havia uma problemática preexistente.

Como conclusão do exposto, podemos dizer que o processo não foi fácil, que surgiram dificuldades, mas neste momento podemos avaliar os êxitos obtidos:

1. Surgimento de consultas sobre idéias suicidas.
2. Reversão de um fator negativo com medidas simples.
3. Solidariedade comunitária até aquele momento não detectada.

Não tínhamos uma idéia clara acerca da resiliência comunitária, mas podemos afirmar que, a partir de um fato adverso e muito angustiante, surgem a atividade cultural e a esportiva, a solidariedade, a participação e a possibilidade de mudança na comunidade, que são pilares na resiliência.

AS OFICINAS DE REINSERÇÃO SOCIAL

Eduardo Marengo, enviado pela Gerência de Saúde Mental para coordenar as oficinas de reinserção social em La Toma, elaborou o seguinte informe:

A localidade tem aproximadamente 6.900 habitantes e uma taxa de desemprego de 60%, produto da queda no negócio do mármore, além de outros fatores. Oitenta por cento da população é de outras localidades, já que se produziu uma grande migração.

Houve casos de suicídios de jovens. Por isso, intervém a equipe local de saúde mental, que observa certa escassez na oferta de alternativas ou possibilidades para esse setor. Organizou-se uma reunião ao redor do fogo com a presença de mil pessoas.

Realiza-se um diagnóstico comunitário, em que um dos assistentes, diretor da escola da vizinha La Totora, aborda uma situação problemática.

A partir disto é que se passa a abordar a questão central.

Os jovens da escola de La Totora são 90% da população. É uma casa-escola em que 98 alunos comem, aprendem, brincam, dormem e realizam todas as demais atividades até o fim de semana, quando vão para a casa.

Com a migração, se produz não apenas o vazio físico do lugar, mas também da memória, que se dispersa além do limite físico e, às vezes, é recuperada mediante testemunhos e "causos". A cultura como lugar de inscrição da história subjetiva, que prescreve certo sentido ou direção, se encontra fragmentada, dispersa, a ponto de parecer ausente. Contudo, resiste desde que haja algumas condições, como neste caso.

De fato, dois dos presentes viveram e trabalharam no lugar e contam a história das últimas décadas. Fazem referência a um passado economicamente fértil, a pessoas destacadas nascidas no lugar, entre elas um médico e um jogador de futebol. Comentam que, no futebol, La Torora costumava ganhar do pessoal de La Toma e que ainda se enfrentam, mesmo que muitos jogadores não tenham nascido nas duas cidades. "Meu filho joga em La Totora e chegou a ser goleiro de Colegiales" (um dos times mais importantes de San Luis).

"Causos" com algo de nostalgia retomam o sentido de uma história que pára com a extração de ônix para ser logo comparada à situação desoladora de hoje, na qual apenas cinco famílias vivem com recursos muito escassos. É um lugar que antigamente oferecia muito trabalho e hoje "depende de uma caixa de alimentos". Duas imagens de um lugar; no meio, a negação da história enquanto processo, o corte brusco que transformou aquilo, nisto, aparece com características de ato irremediável. Alguém pergunta pelos recursos. Fala-se numa sala de primeiros socorros, um médico que aparece de vez em quando e da equipe de futebol. Pergunta-se como fazem quando necessitam de algo que não há na cidadezinha. O diretor responde que vão a La Toma ou a outro lugar, mas não são muito bem recebidos. A coordenadora comenta: "É um povo órfão...". O diretor da escola diz: "Sim, é isso mesmo". Surpreso, alguém pergunta: "Como pode ser?", "Mas vale muito", acrescenta outro, provocando risadas. O óbvio rechaço da vizinhança tira a responsabilidade, por um momento libera o grupo da carga. O riso favorece a discussão de idéias favoráveis à saúde, incita a ir além da paralisia que gera a frustração.

Mas voltemos por um instante à escola. O diretor diz que a partir do suicídio de um dos adolescentes "os demais ficaram muito tocados", mas felizmente falam com ele sobre isto. Acrescenta que na escola eles estão muito contidos, a tal ponto que nos fins de semana pedem licença para ficar, o que faz pensar no que aconteceria em um período de férias. O diretor diz que voltam de casa com problemas de saúde. Uma pessoa propõe organizar uma colônia de férias para evitar essa situação e continuar com o processo de aprendizagem.

Podemos pensar em um povoado depósito ou em um povoado com história, um povoado desocupado ou um povoado trabalhador. Durante o transcurso do trabalho, o grupo aponta diferentes problemas, mas imediatamente utiliza diversos recursos por meio da geração de idéias para indagar como solucioná-los.

Povoado com história ou povoado órfão

Foi proposta a reconstrução histórica do lugar por intermédio da escola e da comunidade. Isto constitui um trabalho que poderia possibilitar dotar de sentido um povoado, oferecer a possibilidade de fazer uma leitura crítica da história e, a partir dela, a resignificação que permita evitar a repetição de padrões que deixem de lado a criatividade. O reposicionamento na história pode ser uma forma de obter um *plus* de criatividade ou novidade nos atos cotidianos.

Por outro lado, isto pode facilitar o estreitamento dos laços que unem o povo à escola, com intenção de apropriação e recriação da história. Os recursos abundantes da escola e a sabedoria popular podem ser conjugados em ações voltadas à saúde.

Povoado escola ou povoado depósito

Durante a reunião, o diretor faz referência ao fato de a escola ser vista como um depósito, que os pais muitas vezes mandam os filhos para lá pela comodidade, porque "lhes damos comida, abrigo e aprendizado".

Às vezes, o imaginário social funciona como obstáculo, ou seja, mostra e oculta, mas em qualquer dos casos costuma dificultar a problematização de uma situação que, por ser óbvia, se dá por resolvida. Assim é que, quando se faz referência a esse tema, justifica-se a atitude de abandono com referências à pobreza, ao desemprego ou à ignorância. Contudo, esse comentário é questionado com a alegação de que, em tempos anteriores, mães com mais filhos, em condições de maior pobreza e ignorância, conseguiam criá-los. Isto resulta interessante, pois questiona duas idéias: nem o passado foi tão cor-de-rosa, nem o presente é tão obscuro que tudo justifique. Propõe-se organizar algo para o verão que evite a deterioração da saúde das crianças, "uma colônia de férias ou coisa parecida...". A idéia representa uma mudança conceitual importante já que, desta forma, as pessoas obtêm a caixa de alimentos como recompensa por seu trabalho ou aprendizagem. Isto pode ser utilizado como estratégia, mas de maneira alguma pode ser considerado estratégia central de abordagem. É necessário realizar o trabalho comunitário pertinente que permita a otimização dos recursos, que o grupo de trabalho assuma a responsabilidade que lhe compete na melhora das próprias condições de vida. Do contrário, isso termina sendo mais uma maneira extorsiva do que um trabalho que contribua para a aprendizagem popular.

Em todo o caso, na hora de trabalhar com a comunidade é preciso escolher entre se abater diante de dificuldades ou impedimentos ou lutar com os recursos e as reais possibilidades.

EXPERIÊNCIA NO HOSPITAL DE JUSTO DARACT

Depoimento de Marcela Spengler, diretora do hospital

Propusemo-nos o modelo de desafio em que se assume que os problemas, os fatores de risco, as adversidades encontram nas pessoas afetadas não apenas fraquezas sobre as quais atuam, mas também certa capacidade de resistência, certo escudo de resiliência que deveríamos fortalecer, para que pudessem metabolizar essas agressões e transformá-las em elementos de superação. O grande desafio era também levar esse pensamento ao campo da promoção da saúde, entendida como o processo de capacitar a comunidade a controlar e a melhorar a saúde e, também, o desenvolvimento humano, ou seja, para que atue sobre os fatores, antes que se traduzam em problemas.

A equipe formou-se com recursos humanos provenientes do Programa Provincial de Saúde Mental e de Promoção de Saúde do Hospital de Justo Daract.

Semanalmente, realizavam-se oficinas no bairro a que compareciam mulheres dessa comunidade. No princípio, aproximavam-se curiosas, mas desconfiadas, já que, segundo elas, estavam cansadas de falsas promessas nunca cumpridas. Nossa tarefa centrou-se em descobrir, junto com elas, as forças e fraquezas individuais e coletivas.

À esperança, chamamos de sonhos: esses pequenos grandes sonhos que foram fortalecendo a auto-estima, a criatividade, o humor; a independência, a moralidade, a solidariedade, a identidade comunitária.

Ao aplicarmos estratégias para fortalecer a resiliência, vimos que os sonhos nos faziam caminhar e se foi produzindo um "efeito dominó", que terminou com a reativação biopsicossocial.

Nosso trabalho de campo se realizou num bairro considerado o mais vulnerável da cidade de Justo Daract. Estávamos convencidos de que aqueles, aparentemente, condenados deviam ter uma possibilidade, uma esperança de seguir adiante. Esperança nesta capacidade do ser humano para transformar fatores adversos em elementos de estímulo e de projeção, esperança muito necessária para quem trabalha em atenção primária. Recentemente, esse grupo começou a se alfabetizar, aumentou a higiene pessoal, familiar e comunitária, desenvolveu hábitos saudáveis e produziu mudanças no resto da comunidade.

Pudemos comprovar que trabalhar em resiliência comunitária é um excelente instrumento para promover ações de saúde e fortalecer a luta contra a desigualdade e o atraso psicossocial.

DA GERÊNCIA

Tivemos certeza do entendimento da gravidade dos fatos – morte de muitos jovens em um período curto de tempo – e que haviam atuado com urgência, mas também com a percepção ou intuição de que a história excedia muito a um simples fenômeno clínico, no sentido mais tradicional do termo.

A gravidade do problema, escalada suicida nos jovens, superou a capacidade operativa dos recursos, com os quais classicamente contam os encarregados da vigilância da saúde mental de um lugar. Por isso, a decisão de nos consultar.

Em nosso entendimento, e de acordo com o contexto conceitual e operativo que usamos, no momento das consultas as profissionais já haviam realizado, e obtido com êxito, o que se chamou de "intervenções básicas em atenção primária em saúde mental".

A partir daí, e para dar continuidade ao que já havia sido iniciado com sucesso, enquadramos as ações realizadas e a realizar, em um âmbito referencial que permitisse atuar com eficácia.

Nosso diagnóstico da situação apresentada não foi apenas individual, mas permitiu um diagnóstico comunitário: o fato afetou o espaço público, representou uma imolação pública (suicídio na praça central), que entendemos como um "chamado" à comunidade em geral.

Programaram-se, então, ações de saúde mental que incluíssem o clínico, e as ações especificamente comunitárias.

Quando dizemos que a gravidade dos fatos excede o âmbito teórico tradicional, referimo-nos a uma mudança de paradigma. Isto implica várias coisas: em primeiro lugar, um adequado diagnóstico; em segundo lugar, a possibilidade de abordar este problema dos jovens como problema ou transtorno psicossocial, o que exige uma abordagem que integre o aporte de várias disciplinas (psicanálise, psicologia social, epidemiologia, noções de saúde mental comunitária, etc.). Ou seja, há muitos níveis de análise de um fenômeno tão complexo e cada um deles é muito útil para poder atuar com uma eficácia cada vez maior.

Consideramos o suicídio como parte da violência doméstica, ou seja, dos problemas pessoais e familiares provocados pela sociedade em crise (existe um perfil psicológico de crianças criadas sob condições de violência doméstica e social). Daí, emerge uma estratégia operativa fruto de um diagnóstico situacional presumido.

Após ser levada em consideração a composição sociodemográfica da comunidade (número de habitantes, idade, sexo, estado civil, etc.), foi possível precisar as necessidades de saúde ao se identificar grupos de alto risco.

Um dos dados demográficos de maior importância foi a composição dos lares e do grupo familiar. O alto índice de desemprego, a falta de dinheiro, de esperança e incentivo fazem com que estes pais não possam satisfazer as necessidades básicas de seus filhos, nem mesmo as suas, ou que a conseqüente depressão os impeça de se ocuparem dos jovens, como deviam. A população adolescente é, em geral, uma população de risco nesse lugar e neste momento. Com essa cifra de desemprego, os jovens não têm estímulo, nem incentivo. Estão objetivamente nas mãos de Deus e é assim que se sentem.

A comunidade toda pode e deve suprir essa falência, porque é uma forma adequada de expandir a cobertura dos serviços de saúde, para resolver problemas urgentes da população em geral, a baixo custo.

A meta é que os indivíduos participem na solução de seus problemas de saúde, que descubram o autocuidado, o cuidado familiar e as redes sociais de apoio nas proximidades e nas instituições, para que desempenhem algum papel na promoção, atenção e recuperação da saúde.

Com essa maneira de entender o problema, estamos tratando de reverter uma tendência e orientar a tarefa mais para a prevenção e atenção de enfermidades.

Em síntese, aspiramos a que as instituições, sem abandonar seu papel tradicional, possam transcendê-lo e se orientar para a promoção da saúde dentro de uma perspectiva mais abrangente de sua produção social.

É esta a mudança de paradigma: falamos de reverter o tradicional, ampliar nossa área de percepção, nossa capacidade de pensamento criativo, para traçar estratégias inovadoras que envolvam todos os setores da comunidade. É uma boa maneira de atender as demandas crescentes e qualitativamente variáveis. Mudança de paradigma significa adotar a opção de reinterpretar a enfermidade, dar destaque à saúde e ao desenvolvimento e elaborar estratégias de intervenção comunitária sob a orientação e supervisão de especialistas.

Outra medida que completa as adotadas é a capacitação dos profissionais para lidar com essas situações e para que possam interpretá-las corretamente. Capacitamos os profissionais em "Noções básicas de saúde mental", curso que começamos a implementar, para que sejam capazes de administrar casos mais simples, mas, sobretudo, de detectar riscos. O pessoal da saúde deve ter condições de diagnosticar e lidar com os problemas mais freqüentes na consulta e otimizar a derivação dos pacientes que requeiram atenção em nível secundário. Mas especialmente, e neste momento em particular, precisam ser capazes de captar os sinais de depressão com risco suicida. Parte da estratégia empregada foi a reunião de todos os profissionais da saúde e do setor educativo para capacitá-los na detecção de sinais na população de risco. Assim, entendeu-se que o suicídio de jovens, que desencadeou a consulta da diretora do hospital, poderia ter sido evitado, se tivesse acontecido um trabalho com os conceitos que tentamos incorporar.

O jovem, cujo suicídio desencadeou a consulta, era o irmão menor de outro jovem, que também havia se suicidado recentemente. Segundo o relato da mãe, ele ficou muito estranho depois da morte do irmão, com mudanças visíveis de comportamento e até de características físicas: vestia-se cada vez mais como o falecido, inclusive com suas roupas, e pintara o cabelo para ficar ainda mais parecido. Na noite de sua morte, discutira violentamente com a mãe e depois foi embora, para sempre.

Do ponto de vista da atenção primária em saúde mental, trabalhando para eliminar o contágio, essa morte poderia ter sido evitada. Diante do primeiro suicídio, é preciso atuar, é necessário alguém estar alerta. Isto efetivamente aconteceu, meses depois, quando, em outra cidade, ocorreu um suicídio. Uma das pessoas que conhecia nossa modalidade de trabalho nos alertou e intervimos rapidamente nas escolas onde esta jovem tinha estudado. Trabalhamos com os professores, diretores, psicólogos das escolas, pais, amigos, conhecidos, etc., e a população de risco foi devidamente atendida. Até hoje não se repetiu a conduta suicida, de modo que o contágio foi evitado.

No novo paradigma, incluímos o conceito de *resiliência comunitária*, conceito central no Ministério da Saúde, ao qual o doutor Suárez Ojeda, atual ministro da Saúde, se dedicou com particular dedicação. Este conceito nos permitiu entender a situação e, como conseqüência, atuar.

CONCLUSÃO

O enfoque da resiliência representa uma mudança de paradigma que inclui a passagem do modelo médico tradicional, centrado na fraqueza e na doença, para outra perspectiva, que inclui também a capacidade de enfrentamento, o estímulo às potencialidades, a consideração da esperança, como componentes indispensáveis no desenvolvimento das pessoas. Falamos de fatores de risco e de fatores protetores e da passagem do modelo de risco ao modelo do desafio.

Nem todo jovem submetido às situações adversas antes descritas termina, necessariamente, como um sujeito problemático ou patológico. Temos a possibilidade, e eles também, de enfrentar a adversidade e mais ainda: de vencê-la e sairmos fortalecidos.

A outra mudança produz-se de um modelo centrado no indivíduo para um modelo que inclua sua inserção e seu contexto social. Ou seja, trabalhar com a comunidade, para que sejam as pessoas, os cidadãos, os que participem, de maneira comprometida, no cuidado e proteção de seus membros, facilitando e promovendo o laço social, única maneira de obter a sua reativação. Por isso, nossa equipe de saúde inclui um psicólogo especialista em oficinas de reinserção social.

O depoimento de Marengo reflete claramente a maneira como esta gerência resolve a demanda do hospital de La Toma. No âmbito do conceito de resiliência comunitária, a consulta não se esgota na resolução do problema pontual, mas sua operatividade tem um efeito expansivo. A partir da convocação, aparece um novo foco (La Totora) em que podemos operar. O que vamos obtendo é o efeito dominó que descreve a diretora do Hospital de Justo Daract.